한국
전력공사

필기전형

한국전력공사

필기전형

개정2판 발행	2021년 4월 14일
개정3판 발행	2023년 1월 27일

편 저 자 ┃ 취업적성연구소

발 행 처 ┃ ㈜서원각

등록번호 ┃ 1999-1A-107호

주   소 ┃ 경기도 고양시 일산서구 덕산로 88-45(가좌동)

교재주문 ┃ 031-923-2051

팩   스 ┃ 031-923-3815

교재문의 ┃ 카카오톡 플러스 친구[서원각]

영상문의 ┃ 070-4233-2505

홈페이지 ┃ www.goseowon.com

PREFACE

한국전력공사는 좋은 품질의 전기를 안정적으로 공급하면서 '에너지전환'과 '디지털변환'을 주도하기 위해서 노력하고 있다. 전기(電氣)로 국민들의 삶을 지켜온 한국전력공사는 에너지의 새로운 미래를 준비하고 있다. 깨끗한 전기를 더 많이 만들어 우리의 안전과 환경을 지키고, 강력한 에너지플랫폼을 통해 전기사용을 더 쉽고 편리하게 바꾸는 것이 한국전력공사의 내일이다.

한국전력공사에서도 송전·배전담당 업무에 필요한 역량 및 책임감과 적응력 등을 구비한 인재를 선발하기 위하여 필기시험을 시행하고 있다. 본서는 한국전력공사 송전·배전담당 채용대비를 위한 필독서로 직무능력, 상식, 인성검사 등으로 구성되는 필기전형을 철저히 분석하여 응시자들이 보다 쉽게 시험유형을 파악하고 효율적으로 대비할 수 있도록 구성하였다.

신념을 가지고 도전하는 사람은 반드시 그 꿈을 이룰 수 있습니다. 처음에 품은 신념과 열정이 취업 성공의 그 날까지 빛바래지 않도록 서원각이 수험생 여러분을 응원합니다.

STRUCTURE

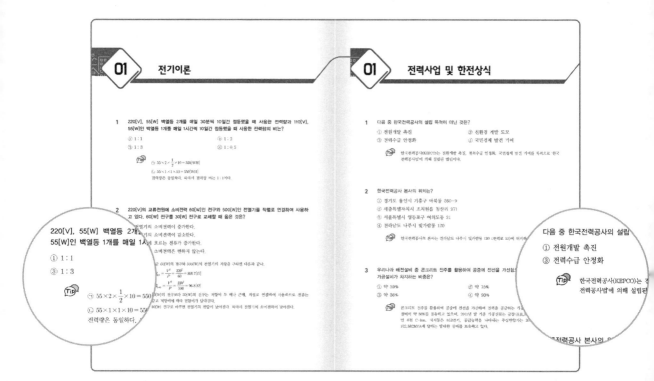

직무능력

다양한 유형의 출제예상문제를 다수 수록하여 실전에 완벽하게 대비할 수 있습니다.

전력사업 및 한전상식/한국사

적중률 높은 영역별 출제예상문제를 상세하고 꼼꼼한 해설과 함께 수록하여 학습 효율을 확실하게 높였습니다.

인성검사 및 면접

인성검사의 개요와 실전 인성검사로 다양한 유형의 인성검사를 대비할 수 있습니다. 면접의 기본과 면접 기출을 수록하여 취업의 마무리까지 깔끔하게 책임집니다.

CONTENTS

PART

I

한국전력공사 소개

01 공사소개

1 한전소개

(1) 회사개요

① **설립목적(한전법 제1조)** ··· 전원개발을 촉진하고 전기사업의 합리적인 운영을 기함으로써 전력수급의 안정을 도모하고 국민경제 발전에 이바지하게 함을 목적으로 한다.

② **임무(한전법 제13조)**
 ㉠ 전력자원의 개발
 ㉡ 발전, 송전, 변전, 배전 및 이와 관련되는 영업
 ㉢ ㉠~㉡ 관련 사업에 대한 연구 및 기술개발
 ㉣ ㉠~㉢ 관련 사업에 대한 해외사업
 ㉤ ㉠~㉣ 관련 사업에 대한 투자 또는 출연
 ㉥ ㉠~㉤에 부대되는 사업
 ㉦ 보유부동산 활용사업
 ㉧ 기타 정부로부터 위탁받은 사업

③ **KEPCO의 역할** ··· KEPCO는 전원개발 촉진, 전력수급 안정화, 국민경제 발전 기여를 목적으로 「국전력공사법」에 의해 설립된 법인이며, 「공공기관의 운영에 관한 법률」에 따라 시장형 공기업으로 분류된다. KEPCO는 설립목적에 따라 전력자원의 개발, 발전, 송전, 변전, 배전 및 이와 관련되는 영업, 연구 및 기술 개발, 해외사업, 투자 또는 출연, 보유부동산 활용사업을 수행하고 있다.

(2) 가치

① **미션** ··· 전력수급 안정으로 국민경제 발전에 이바지, KEPCO는 고품질 전력의 안정적인 공급과 차별화된 고객서비스 제공 및 글로벌 경쟁력 강화를 위해 노력하며, 끊임없는 도전과 혁신으로 미래 에너지산업을 이끌 글로벌 기업으로 도약한다.

② **비전** ··· KEPCO - A Smart Energy Creator

자랑스러운 영광의 120년을 넘어, 빛가람에서 더 크고 위대한 새로운 백 년의 역사를 맞이하는 한국전력, 글로벌 에너지 산업의 혁신적인 가치창조자로서 비전을 수립하고, 인류와 사회에 기여하는 세계적인 에너지 기업으로의 힘찬 발걸음을 시작하고자 합니다.

   ㉠ Smart Energy : Smart Energy란 전력의 생산, 수송, 소비의 전 과정에 친환경·ICT 기술을 결합하여 생산과 소비의 효율을 제고하고 새로운 가치를 창조하는 에너지를 의미한다. 한전은 Smart Energy를 통해 고객에게는 편리하고 효율적인 에너지를 제공하고, 사회를 위한 더 나은 환경을 만드는 한편, 기업에게는 한전과의 협력을 통한 새로운 비즈니스 기회를 제공하여 새로운 수익과 일자리를 창출해나갈 것이다.

   ㉡ Creator : 기술과 가치의 융합이 거대한 시대의 물결로 다가오고 있다. 전력산업은 국가경제발전의 근간을 넘어 새로운 기술과 가치가 융합되는 가치창조의 핵심인프라가 될 것이다. 한국전력은 기존 전력공급 서비스에서 한 차원 더 나아가, 새로운 서비스와 에너지 플랫폼을 통해 고객의 삶의 질을 높이는 기업, '1등'을 넘어 '에너지의 미래'를 이끄는 'First Mover' 한전으로 도약할 것이다.

③ **핵심가치** ··· KEPCO인은 5개의 핵심가치를 기준으로 하고 있다.

   ㉠ **미래지향**(Future) : 우리는 먼저 미래를 준비하고 나아갑니다.
   ㉡ **도전혁신**(Innovation) : 우리는 먼저 변화와 혁신을 추구합니다.
   ㉢ **고객존중**(Respect) : 우리는 먼저 고객을 위한 가치를 만듭니다.
   ㉣ **사회적가치**(Social Value) : 우리는 먼저 사회와 환경을 생각합니다.
   ㉤ **신뢰소통**(Trust) : 우리는 먼저 소통을 통한 신뢰를 추구합니다.

(3) 현황

① **조직현황** ··· 공익성 중심의 국내사업과 수익성과 고용창출 중심의 해외사업이라는 양대 축을 근간으로, 부서 간 수평적 협력 기능 강화를 통해 투명성을 제고하였다. 본사 조직은 기획본부 등 8본부로 구성되어 있으며, 15개의 지역본부가 있다.

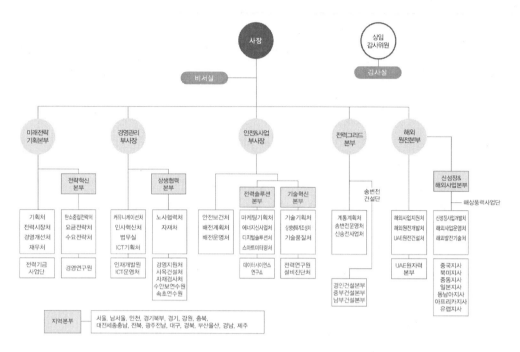

② **해외지사** … KEPCO는 세계 최고 수준의 전기품질을 바탕으로 안정적인 전력공급을 위해 최선의 노력을 다하고 있다. 또한 국내 전력수요 성장 둔화에 따른 한계를 극복하고, 글로벌 시장에서 새로운 성장동력을 창출하기 위하여 중동, 동남아, 남미 등 해외시장으로 사업영역을 넓히고 있다.

③ **전력그룹사** … 발전회사, 그룹사, 해외법인, 출자회사 등

　㉠ 발전회사

그룹사	소개
한국수력원자력㈜	원자력발전소를 기저부하 발전소로, 수력발전소를 첨두부하 발전소로 운전
한국남동발전㈜	삼천포화력본부와 영흥화력본부를 기저부하 발전소로 운전
한국중부발전㈜	보령화력본부와 서천화력발전소를 기저발전소로 운전
한국서부발전㈜	태안발전본부를 기저부하 발전소로 운전
한국남부발전㈜	하동화력본부를 기저부하 발전소로 운전
한국동서발전㈜	당진화력본부와 호남화력발전처를 기저부하 발전소로 운전

ⓛ **그룹사**

- 한국전력기술㈜ : 한국전력기술주식회사는 원자력발전소와 수화력발전소 설계기술 자립을 위해 1975년 설립된 이후 세계적 수준의 원자력발전소 설계회사로 성장하였다. 한국형 원전인 OPR1000, APR1400은 안전성과 경제성 면에서 세계적 수준의 원전으로 평가받고 있다. 화력분야에서도 500MW급 화력발전소를 표준화하여 성능 및 경제성을 제고하였고, 후속 모델인 800MW급 표준석탄 화력발전소도 상업운전을 개시하였다. 뿐만 아니라 사업관리(PM/CM) 기술도 국내 최고로 평가받고 있으며, 세계 최초의 저온탈질 기술을 개발하여 잠재력이 무한한 환경시장에도 진출하고 있다.

- 한전KPS㈜ : 한전KPS주식회사는 전국에 산재한 발전설비, 송변전설비, 산업설비 등에 대한 고품질의 책임 정비를 수행하는 세계적인 플랜트 종합서비스 회사이다. 발전소 건설과정에서 시운전정비, 운전과정에서 경상정비, 계획예방정비, 개보수공사 등을 충실히 수행하여 발전소 불시고장 방지와 설비 이용률 향상에 기여하고 있다. 또한 송전설비 유지정비, 활선정비, HVDC 해저케이블 및 변환설비 유지정비, 전력시설물 설계, 건설, 감리, 안전진단 등 송변전 관련 토탈 정비 서비스를 제공하고 있다.

- 한전원자력연료㈜ : 한전원자력연료주식회사는 핵연료 설계, 제조 및 서비스, 엔지니어링 서비스 등의 사업을 수행하고 있다. 세계에서 유일하게 경수로용 원자력연료와 중수로용 원자력연료를 생산하고 있으며, 세계적 수준의 한국표준형 개량 핵연료 PLUS7TM, 웨스팅하우스 원전용 ACE7TM을 개발하여 상용 공급함으로써 발전소 출력 증가 및 주기비 절감을 통하여 발전소 운영의 경제성을 한 단계 더 높일 수 있게 되었다. 아울러 2010년까지 해외에 수출할 수 있는 고성능 고유 핵연료 개발에 착수하여 상용 공급할 예정입니다.

- 한전KDN㈜ : 한전KDN주식회사는 1992년 한국전력의 IT 부문을 전담하는 회사로 설립된 이후 발전에서부터 송변전, 배전, 판매에 이르기까지 전력계통 전 부문의 IT 토탈서비스를 제공하고 있으며, 이를 바탕으로 세계적인 전력IT 전문기업으로 성장하고 있다. 주요 사업은 정보시스템 구축/운영과 전력IT 자동화, 그리고 정보통신 인프라 구축 및 유지보수, 배전공가설비 위탁관리 등이다. 최근에는 전력 유비쿼터스를 위한 PLC 및 RFID 등의 기술력을 강화하고 있다.

2 　사업소개

KEPCO에서는 'KEPCO - A Smart Energy Creator'라는 회사 비전 아래 지속적인 전력사용량 증가에 상응하는 배전설비 확충과 고객의 욕구를 충족시킬 수 있는 완벽한 품질의 전력공급을 위한 신뢰도 향상 등 배전사업 분야의 지속적인 발전을 위해 지속적인 노력을 기울이고 있다.

(1) 국내사업

① 송배전 사업 ⋯ 신뢰도 높은 송변전 계통 구축과 기술개발로 고품질 전력을 공급한다.
　㉠ 송변전 사업
　　• 송변전 건설 및 운영 : 전국을 거미줄처럼 연결하는 다중환상망(Multi-loop) 형식의 신뢰도 높은 송변전 계통을 구축·운영하고 있다. 도심을 지나가는 지중 송전설비는 감시제어시스템을 설치하여 안전하게 운전하고 있으며, 축적된 기술력을 바탕으로 높은 효율의 송전망을 운영하고 있다.
　　• 765kV 송변전 설비 : 전력수요의 중심지인 수도권 지역과 대단위 발전단지 간의 심화된 수급 불균형을 해소하고 국토이용의 효율성을 제고하기 위하여 765kV 송전전압 격상사업을 추진하고 있다.
　㉡ 배전 사업(배전 건설 및 운영) : KEPCO - A Smart Energy Creator라는 회사 비전 아래 지속적인 전력사용량 증가에 상응하는 배전설비 확충과 고객의 욕구를 충족시킬 수 있는 완벽한 품질의 전력공급을 위한 신뢰도 향상 등 배전사업 분야의 지속적인 발전을 위해 지속적인 노력을 기울이고 있다.

② 전력판매 ⋯ 현재 국내 전력 산업의 체계는 전력생산, 수송, 판매 체계로 이뤄지고 있으며, KEPCO는 6개의 발전회사와 민간발전회사, 구역전기사업자가 생산한 전력을 전력거래소에서 구입하여 일반 고객에게 판매하고 있다.

③ 수요관리 ⋯ 수요관리는 최소의 비용으로 소비자의 전기에너지 서비스 욕구를 충족시키기 위하여 소비자의 전기사용 패턴을 합리적인 방향으로 유도하기 위한 전력회사의 제반활동이다. 이는 전력공급설비 확충에 중점을 두어 온 종전의 공급측관리(SSM, Supply Side Management)에 대응되는 개념으로서 부하관리(負荷管理)를 포괄하는 상위개념이다. 수요관리의 궁극적 목적은 전력수요를 합리적으로 조절하여 부하율향상을 통한 원가절감과 전력 수급안정을 도모함과 동시에 국가적인 에너지자원 절약에도 기여하는데 있다. 또한 최근에는 화석연료 사용에 따른 환경오염문제가 심각히 대두됨에 따라 환경친화적인 에너지정책 대안으로 강조되고 있다.

(2) 해외사업

① 발전사업
　㉠ 화력사업 : 아시아 및 중동 발전시장에서 대규모 민자발전사업자(IPP, Independent Power producer)로서의 입지를 굳건히 다지고 있는 KEPCO는 활동무대를 중남미, 아프리카 등지로 확대하며 눈부신 성장을 거듭하고 있다.

ⓒ 원자력사업 : 한전은 우리나라 원자력 역사 약 40년만에 최초로 UAE 원전 4기를 수주하여 명실상부한 원전 수출국의 반열에 올랐다. 세계적으로 인정받은 APR1400은 유럽사업자 요건(EUR) 설계인증, 미국 원자력규제위원회(NRC)의 설계인증을 취득하였다.

ⓒ 신재생 에너지 사업 : 파리 기후변화협약(COP21) 발효 이후 기후변화 대응 및 온실가스 감축 요구에 대한 세계적인 높은 관심 아래, KEPCO는 기존 중국, 요르단 풍력발전에 이어 2016년 일본 치토세(태양광), 미국 콜로라도(태양광), 미국 괌(태양광) 등 선진 해외 신재생시장 거점 확대에 많은 노력을 기울이고 있다.

② 송배전사업 ⋯ 2001년부터 시작된 송배전 해외사업은 그동안 국내에서 독자기술로 이룩한 세계적인 기술력과 노하우를 바탕으로 KEPCO의 브랜드 가치를 높이면서 해외사업 진출 확대의 첨병 역할을 하고 있다. 특히 송배전망 건설, 컨설팅 등 기존 사업분야 외에도 자동화시스템, 원격검침시스템, 기술인력 양성사업 등 한국의 우수한 전력기술 수출을 위해 다방면에서 활약하고 있다.

③ 에너지 신사업 ⋯ 신재생을 비롯한 신사업으로 글로벌 에너지 시장의 전환이 가속화 되면서 한국전력의 해외사업은 새로운 전환점에 도달하였다. 따라서 한국전력은 해외사업의 지속가능성을 제고하기 위해 Smart Grid, AMI 등 신사업 기술개발 및 실증경험을 바탕으로 해외 에너지 신사업 시장 진출을 본격적으로 추진해 나가고 있습니다.

④ 그리드 사업 ⋯ 2001년 미얀마 전력망 진단 및 개발조사 사업(컨설팅)으로 시작한 송변전분야 해외사업은 2021년 UAE 해저송전망 사업을 수주함으로써 KEPCO 최초의 전력망분야 투자 및 운영사업 해외진출의 쾌거를 이루었다. KEPCO의 우수한 기술력을 활용하고 현지 네트워크를 구축할 수 있는 컨설팅 사업을 통해 미얀마, 방글라데시, 에티오피아, 보츠와나, 타지키스탄 등에 진출하였으며, 컨설팅 사업을 통해 축적한 해외사업 수행역량을 바탕으로 EPC로 사업영역을 확대하여 카자흐스탄, 부탄 EPC(Engineering Procurement Construction)사업을 수행하고 있다.

(3) 에너지 신산업

① 전기차충전사업 ⋯ 2019년에는 자체 전기차 충전서비스 브랜드 KEPCO PLUG를 출시하고, 이용자에게 다양한 편의 서비스를 제공하고자 충전 네트워크를 활용한 플랫폼 서비스를 확대하고 있다. 플랫폼 사업으로는 EV 충전시스템 Cloud 서비스와 로밍(Roaming) 중개 서비스가 있다.

② 태양광발전사업 ⋯ 학교 옥상, 공공부지 및 산업단지의 유휴부지를 활용한 태양광과 765kV 송전선로 주변 부지를 활용한 태양광 발전사업을 시행하고 있다.

③ 스마트시티사업 ⋯ 국가별로 온실가스를 감축하기 위한 목표를 설정하였으며 그 목표에 맞게 온실가스 절감을 위한 사업이다. EVC, 신재생에너지, ESS 등이 있다.

④ 그린수소사업 ⋯ 세계적 탄소중립 달성을 위해 재생에너지를 연계한 MW급 그린수소 생산 프로젝트 등 친환경 에너지 정책을 추진하고 있다.

(4) 연구개발

전력산업 미래 트렌드에 대한 철저한 분석을 바탕으로 신성장동력 사업을 선정해 미래 전력시장을 리드한다.

① 친환경 전력 기술개발 및 디지털화 선도

에너지전환 및 기후변화에 발빠른 대응으로 전력설비 사용 온실가스(SF6) 정제시스템 개발, 하루에 이산화탄소 대량으로 포집하는 기술 실증, 유리창호형 페로브스카이트 태양전지의 최고 수준 효율 달성, 발전 효율을 향상시킬 수 있는 저풍속 풍력발전 기술을 개발하였고, 전력설비를 스마트하고 더 안전하게 만들기 위해 4차 산업혁명 기술을 적용하여 지능형 디지털발전소 실증과 전력에너지 AI 플랫폼 기술을 개발, AI · 드론 · VR/AR 기술을 적용하여 전력설비 감시 · 진단을 고도화하고 있습니다. 또한, 미래 에너지 시대를 대비하여 배전계통 분산전원 수용 용량을 증대 및 저손실 Eco 변압기를 개발하여 손실을 절감하는 등 전력계통을 지속적으로 효율화하였다.

② 연구개발 성과를 활용한 부가가치 창출

고품질의 연구개발 성과는 회사 경영 기여로 꽃을 피우고 있다. 연구개발 우수 성과물은 개발 즉시 특허로 출원하여 권리를 확보하고, 그 특허를 중소기업에게 이전하여 전력산업의 동반성장에 기여하고 있다. 또한 유관기관 합동 기술이전 설명회 및 기술이전 인증제도를 도입하여 기술이전을 체결하고 있으며, 기술료 수익은 꾸준히 증가하고 있다. 그리고 공기업 최초로 연구소기업을 설립하여 우수한 기술의 직접 사업화와 양질의 일자리 창출에 기여하고 있다.

③ 기술개발 글로벌 거버넌스 구축

기술변화 트렌드를 Open Innovation을 통해 민첩하게 대응하고 있다. 발전 기술의 거버넌스 확보를 위해 한전-발전사 R&D 통합운영 프로세스를 구축하였고, 산학연 집단지성을 활용한 융복합 · 개방형 R&D를 확대하고 있다. 또한, 미국의 EPRI 등 유수의 글로벌 연구기관과 협력해 4차 산업혁명 선도 기술을 개발하고 최신 전력산업에 적합한 역량을 확보하고자 노력하고 있다. 우리 회사는 앞으로도 전력에너지 혁신기술에 대한 연구개발을 통해 전력분야의 미래를 선도하는 Global Pioneer를 구현해나갈 계획이다.

채용안내

1 인사제도

(1) 인재상

KEPCO는 무한 경쟁 글로벌 시장에서 패기와 열정으로 창의적이고 혁신적인 미래가치를 실행할 수 있는 인재상을 추구한다.

"Global Pioneer"	
기업가형 인재	회사에 대한 무한 책임과 주인의식을 가지고 개인의 이익보다는 회사를 먼저 생각하는 인재
통섭형 인재	융합적 사고를 바탕으로 Multi-specialist를 넘어 오케스트라 지휘자 같이 조직 역량의 시너지를 극대화하는 인재
도전적 인재	뜨거운 열정과 창의적 사고를 바탕으로 실패와 좌절을 두려워하지 않고 지속적으로 새로운 도전과 모험을 감행하는 역동적 인재
가치 창조형 인재	현재 가치에 안주하지 않고 글로벌 마인드에 기반한 날카로운 통찰력과 혁신적인 아이디어로 새로운 미래가치를 충족해 내는 인재

(2) 인재육성

KEPCO는 능력과 성과에 따른 적절한 평가와 보상, 다양한 교육프로그램 등을 통해 도전적이고 창의적인 글로벌 인재를 양성하기 위해 노력하고 있다.

① 해외사업 전문인력 육성 … KEPCO는 해외사업 전문인력 Pool을 구축하고 직원들이 실무 및 언어, 마인드 혁신에 관한 교육을 집중적으로 받아 글로벌 역량을 증가시킬 수 있도록 해외사업 Shift 교육 프로그램을 실행하고 있다. 또한 해외사업 전문인력 교육체계 Course Track을 구축하고 전략지역 현지화과정, 자원트레이딩해외사업 전문가반(IB-MBA) 등의 장기위탁 교육도 실행하며 글로벌 사회에서 직원들이 해외사업 전문가로서 역할을 수행할 수 있도록 지원하고 있다.

② **직무역량 개발** … KEPCO는 직원들의 식무역량 개발 강화를 위해 혁신교육 프로그램, 시뮬레이션 교육프로그램을 실행하고 있다. 또한 신임간부 적응과정, 전문역량 강화과정 등 멘토링 시스템 강화를 통하여 현업 적응능력 향상을 도모하고 있다. 실무 연계성을 높인 e-Learning과 On/Off-Line이 병행되는 Blended-Learning도 확대하고 있으며, 교육포털 시스템을 통해 주요 교육과정의 정보를 제공하고 교육성과를 피드백함으로써 직원들이 자발적으로 역량을 개발할 수 있는 환경을 조성하고 있다. 아울러 아웃플레이스먼트 교육 등 생애 주기에 맞는 교육 체계화 구축 평생학습프로그램 운영으로 직원들의 평생학습을 지원하고 있다.

③ **미래 성장동력분야 전문인재 양성** … KEPCO는 앞으로의 미래성장의 핵심이 될 분야의 전문인재 육성에도 많은 지원을 하고 있다. 녹색기술사업 위해 HVDC 등 전력계통분야의 핵심인력 양성을 위해 국내외 유명 연구기관과 기술인력을 교류하는 등의 프로그램을 시행하고 있으며 송변전·배전, 전력IT 등 전문기술분야의 첨단기술 습득을 위해 해외교육지원도 활발하게 실행하고 있다. 또한 관리자가 전문지식을 습득하여 보다 높은 경영관리능력을 키울 수 있도록 서울대 행정대학원과정, 국내외 대학원 MBA 등을 적극적으로 지원하고 있다.

④ **차세대 인력역량 개발** … KEPCO는 KEPCO에서의 생활에 보다 빠르고 편안하게 적응할 수 있도록 멘토링 제도 및 첫돌맞이 워크숍 등의 프로그램을 실행하고 있다. 사이버 교육과 어학 교육 등을 통해 다양한 방법으로 역량을 개발할 수 있도록 하며, 또한 주니어보드 활동을 통해 청년 사원들의 참여를 적극적으로 유도하고 있다. 다양한 관점에서 경영개선 아이디어를 제안하고, 분야별 멘토와의 교류와 글로벌 벤치마킹 등을 통해 KEPCO를 이끌어갈 차세대 글로벌 리더의 역량을 키우는데 적극 노력하고 있다.

⑤ **공정, 합리적 성과평가 제도** … KEPCO는 연공서열 중심 인사를 과감히 철폐하고 직급과 관계없이 능력과 성과에 따라 인재를 파격적으로 발탁하는 전방위 보직제도를 도입하여 운영하여 직원들이 자발적인 역량개발을 할 수 있는 환경을 조성하기 위해 노력하고 있다. 모든 직원을 대상으로 연1회 성과를 평가하고, 그 결과에 따라 성과급을 차등 지급하며 경영환경의 변화에 대응하기 위해 유연한 평가제도를 운영하고 있다. 특히, 해외사업 등 미래 성장동력 분야에 전문성을 갖춘 핵심인재 집중 배치를 통해 역량을 펼칠 기회를 확대하며 직원들을 독려하고 있다.

2 **배전담당(가) [5직급 채용형인턴]** _ 2022년 채용공고 기준

(1) 선발분야 및 인원

① 배전담당(가)는 근무 희망지역 한곳만 선택하여 지원 (중복지원불가)

② 근무지 : 본인희망 및 입사성적을 고려하여 배치한다. 본인의 희망과 다를 수 있다.
　　㉠ 전국권 : 본사 및 전국 사업소 등
　　㉡ 지역전문사원 : 입사 후 해당 지역 또는 본사에서 10년간 의무근무(단, 4직급 직급전환 시 의무근무 해제)

(2) 지원자격

연령 / 학력	제한없음 [단, 한전 취업규칙에 따라 정년(만 60세) 이상인 자 지원불가]
지역	제한없음
병역	병역법 제76조에서 정한 병역의무 불이행 사실이 없는 자
신체조건	색맹이 아닌 자
필수자격	아래의 필수자격을 모두 보유시 지원 가능 ① 가공배전전공 또는 지중배전전공 이상 ② 전기공사산업기사 이상 또는 전기기능사 이상 ③ 자동차 운전면허 1종 대형 ④ 기중기운전기능사 또는 이동식크레인 및 고소작업대 조종자격 교육이수 ※ 고용노동부 「유해·위험기관의 취업 제한에 관한 규칙」에서 인정한 교육 인정기관 　－산업안전보건교육원, 한국비계기술원, 한국전기전문직업학교, 한국전기교육원 등
기타	한전 인사관리규정 제11조의 결격사유가 없는 자

(3) 우대사항

구분	우대내용(최상위 1개만 인정)
취업지원대상자(국가유공자 등)	전형단계별 배점의 5% 또는 10% 가점
정규직 전환 대상직무* 기간제 근로자 * 사용전점검, 활선안전관리	1차 전형 배점의 10% 가점

(4) 채용절차

전형단계	평가내용	합격배수	동점자 처리기준
지원서 접수	접수마감까지 최종제출 완료 (접수마감 이후에는 어떤 사유로도 지원불가)	–	
1차전형 (필기전형)	① **직무능력**(80점) : 전기기능사 · 전기공사산업기사 · 산업안전산업기사 수준 ② **상식**(20점) : 전력사업 및 한전상식, 한국사 등 ② 자격증 가점(13점) ③ 인성 · 인재상 · 조직적합도(적 · 부)	7배수	전원합격
2차전형 (실기전형)	① **가공배전 실기**(150점) : 승주법, 저압ㄱ형완철교체, 전선접속, 전선가선 · 애자교체기기조작, 저압인류바인드 시공 ② **지중배전 실기**(50점) : 지상변압기 운영, 지상개폐기 조작	2배수	① 취업지원대상자 ② 필기전형 총점
3차전형 (종합면접)	종합면접(100점)	1배수	① 취업지원대상자 ② 실기전형 총점 ③ 필기전형 총점
신원조사	적 · 부		
건강검진	–		

(5) 블라인드 채용 안내

① 입사지원서 상 학교명, 학업성적, 주소, 가족관계 기재란 없음

② 지원서(자기소개서 포함) 작성 시 개인 인적사항(출신학교, 가족관계 등) 관련 내용 일체 기재 금지

③ e-메일 기재 시 학교명, 특정 단체명이 드러나는 메일 주소 기재 금지

④ 입사지원서에 기재한 성명, 연락처(휴대전화, 이메일 등), 본사 이전지역인재 관련 정보, 생년월일 등은 실기 및 면접전형과정에서 모두 블라인드 처리

⑤ 입사지원상 자격사항은 자격번호만을 입력하고, 추후 제출된 원본서류와 대조하여 허위 판정시 향후 5년간 입사지원 제한 할 수 있음

※ 배전담당(가) 채용은 지원자들에게 최대한 응시기회를 제공하기 위해 별도의 서류전형 절차 없이 지원자 전원을 대상으로 필기전형을 실시함. 이에 따라 응시자격 및 우대사항 확인, 필기전형 시 본인 확인 등을 위하여 사진, 생년월일 등 관련 사항을 지원서 접수 단계에서 요청함

(6) 주요 책무 및 직무수행

① 배전담당(가)

구분	채용직무
핵심책무	• (고장처리) 고장발생 시 복구를 위하여 시행하는 제반업무 • (일상보수) 선로유지 및 고장예방을 위하여 시행하는 제반업무
직무수행 내용	• 고 · 저압 고장처리 업무 • 배전선로 순시 · 점검 및 제측정 업무 • 배전활선작업 및 선로순시 적출분 개보수 • 위해개소 안전조치 및 일상보수 업무 • 부하전환 및 중요 행사장 전력 확보 • 배전센터로부터 권한 위임 시 사업소 계통운영 • 단전 및 공급 재개 지원 등
필요자격	• 가공배전전공 이상 또는 지중배전전공 이상 • 전기공사 산업기사 이상 또는 전기기능사 이상 • 자동차 운전면허 1종 대형 • 기중기운전기능사 또는 이동식크레인 및 고소작업대 조종자격의 교육이수 ※ 고용노동부 「유해 · 위험기관의 취업 제한에 관한 규칙」에서 인정한 교육 인정기관(산업안전보건교육원, 한국비계기술원, 한국전기전문직업학교, 한국전기교육원 등)
필요지식	전기이론, 전기기기, 전기설비, 전기응용, 전력공학, 회로이론, 전기설비 기술기준 및 판단기준 등 ※ 전기기능사, 전기공사산업기사 수준
필요기술	승주, 전선 교체, 현수애자 교체, COS 휴즈 교체, 고 · 저압 바인드 시공, 전선피박, 전선압축, 권선접속(저압선), 지상변압기 운영 등
직무수행 태도	• 문제해결에 대한 적극적인 의지 • 주인의식 및 책임감 있는 태도, 사명감 • 고객지향적인 사고 및 상호 업무 협조 노력 • 안전수칙 준수, 작업의 집중력 • 상황판단력과 관찰력 있는 자세 • 다양한 기술적 대안을 탐구하려는 의지 • 투명하고 공정한 업무수행의 청렴성

03 관련기사

한전, 에너지 위기 극복을 위한 '에너지다이어트 10'가두 캠페인 시행

- 글로벌 에너지 위기에 따른 겨울철 에너지 절약 중요성 메시지 전파
- 가정 · 상점에서 에너지 절약 실천요령 홍보를 통한 국민 동참 유도

한국전력(대표이사 사장 정승일)은 올 겨울 에너지 사용량 10% 절감을 목표로 을지로입구역 일원에서 대국민 '에너지 다이어트10' 가두 캠페인을 시행하였습니다. 세계가 에너지 소비를 줄이기 위해서 강력한 에너지 절약 대책을 경쟁적으로 내놓고 있는 글로벌 에너지 위기 상황이다.

전례 없는 에너지 비상상황에서 국가 에너지 수요효율 제고, 범국민적 위기의식 환산과 에너지 절약동참이 절실한 상황에 한전은 유동 인구가 많은 출근 시간을 활용하여 겨울철 에너지 절약의 중요성을 강조했다.

한전은 캠페인의 실효성을 제고하기 위해서 가정에서 국민들이 에너지 절약을 실천할 수 있는 다양한 실천방안을 제공하였다. 실천 방안으로는 겨울철 실내온도 18 ~ 20℃ 유지, 전기 난방기 사용 자제, 사용하지 않는 전자제품 플러그 뽑아두기, 에너지소비효율등급이 높은 가전제품 사용하기 등이 있다.

한전은 정부가 겨울철 에너지 사용량 10% 절감을 목표로 하는'에너지 다이어트 10' 캠페인을 솔선수범하여 시행하고 있으며, '에너지 다이어트 10' 실천 방법을 국민들에게 전파하기 위하여 앞으로도 다양한 캠페인을 추진할 예정이다.

면접질문	• 에너지 절약 실천방안에 대해 설명해보시오. • 에너지 다이어트10 가두 캠페인에 대해서 설명해보시오.

한국전력-ACWA Power, 그린수소 사업개발 협력을 위해 손잡

– 사우디 그린 수소 · 암모니아 사업개발을 위한 파트너십 구축

한국전력(대표이사 사장 정승일)은 11월 17일 오전 10시(한국시간) 대한상공회의소에서 ACWA Power(회장, Mohammad Abunayyan)와 그린수소 · 암모니아 사업개발을 위한 협력계약(Cooperation Agreement)을 체결하였다. 양 사는 지난 10월 그린수소 · 암모니아 사업개발의 포괄적 협력을 위한 양해각서(MoU)를 체결하였으며 본 협력계약(Cooperation Agreement) 체결을 통해 양사는 그린 수소 · 암모니아 사업개발을 공동으로 추진하는 초석을 마련하고 강력한 파트너십을 구축할 예정이다.

한전은 기후변화 대응과 탄소중립 이행을 위해 재생에너지, 수소 · 암모니아 개발 등 저탄소 녹색성장 기반의 에너지 신사업 비중을 확대 중이며 특히, 국내외 발전소에서 필요로 하는 수소 · 암모니아의 혼소물량 공급을 위한 수소 · 암모니아 신규사업 기회 창출을 위해 노력 중에 있다. ACWA Power는 사우디에서 연간 120만톤의 그린 암모니아를 생산하는 NEOM 그린수소 · 암모니아 사업을 개발 중이며, 최근 오만에서도 연간 100만톤 규모의 그린 암모니아 사업의 공동개발협약을 체결하는 등 청정에너지 및 발전 분야 글로벌 선도 개발사이다.

본 협력계약으로 정부의 2030 온실가스감축과 2050 '탄소중립' 정책에 부응하고 국가 에너지 안보 달성에 기여한다는 측면에서 큰 의미를 가짐. 또한, 국내 수소 · 암모니아 수요의 80% 이상을 해외에서 조달해야 하는 상황에서, 본 사업은 수소 · 암모니아의 안정적 조달처가 될 것으로 전망하고 있다.

면접질문	• 그린수소에 대해서 설명해보시오.
	• 탄소중립은 무엇을 의미하는지 설명해보시오.

PART

Ⅱ

직무능력

01 전기이론

1 220[V], 55[W] 백열등 2개를 매일 30분씩 10일간 점등했을 때 사용한 전력량과 110[V], 55[W]인 백열등 1개를 매일 1시간씩 10일간 점등했을 때 사용한 전력량의 비는?

① 1 : 1

② 1 : 2

③ 1 : 3

④ 1 : 0.5

㉠ $55 \times 2 \times \dfrac{1}{2} \times 10 = 550[\text{WH}]$

㉡ $55 \times 1 \times 1 \times 10 = 550[\text{WH}]$

전력량은 동일하다. 따라서 전력량 비는 1 : 1이다.

2 220[V]의 교류전원에 소비전력 60[W]인 전구와 500[W]인 전열기를 직렬로 연결하여 사용하고 있다. 60[W] 전구를 30[W] 전구로 교체할 때 옳은 것은?

① 전열기의 소비전력이 증가한다.

② 전열기의 소비전력이 감소한다.

③ 전열기에 흐르는 전류가 증가한다.

④ 전열기의 소비전력은 변하지 않는다.

지금 60[W]의 전구와 500[W]의 전열기의 저항을 구하면 다음과 같다.

• $R_{60} = \dfrac{V^2}{P} = \dfrac{220^2}{60} = 806.7[\Omega]$

• $R_{500} = \dfrac{V^2}{P} = \dfrac{220^2}{500} = 96.8[\Omega]$

60[W]의 전구보다 30[W]의 전구는 저항이 두 배나 큰데, 직렬로 연결하여 사용하므로 전류는 같고 저항비에 따라 전압비가 달라진다.

30[W] 전구로 바꾸면 전열기의 전압이 낮아진다. 따라서 전열기의 소비전력이 낮아진다.

3 정현파 교류전압의 실횻값에 대한 물리적 의미로 옳은 것은?

① 실횻값은 교류전압의 최댓값을 나타낸다.

② 실횻값은 교류전압 반주기에 대한 평균값이다.

③ 실횻값은 교류전압의 최댓값과 평균값의 비율이다.

④ 실횻값은 교류전압이 생성하는 전력 또는 에너지의 효능을 내포한 값이다.

 실횻값이란 교류전압의 최댓값의 70.7[%]의 값으로 직류에 비하여 동일한 열을 발생하는 교류값을 말한다.

4 내부저항 0.1[Ω], 전원전압 10[V]인 전원이 있다. 부하 R_L에서 소비되는 최대전력[W]은?

① 100   ② 250

③ 500   ④ 1,000

 $P_{\max} = I^2 R_L = (\dfrac{V}{R+R_L})^2 R_L [W]$에서 최대전력은 손실이 가장 적은 회로이므로

조건은 $R = R_L$, 따라서 $P_{\max} = \dfrac{V^2}{4R_L} = \dfrac{10^2}{4 \times 0.1} = 250[W]$

5 다음 회로에서 전류[A]값은?

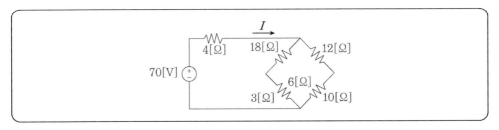

① 2.5   ② 5

③ 7.5   ④ 10

 브릿지의 저항을 구하고, 전체저항을 구하면

$R = 4 + 6 + \dfrac{12 \times 6}{12 + 6} = 14[\Omega]$

회로의 전류는 $I = \dfrac{V}{R} = \dfrac{70}{14} = 5[A]$

Answer ↪   1.①   2.②   3.④   4.②   5.②

6 전기장에 대한 설명으로 옳지 않은 것은?

① 대전된 구의 내부 전기장은 0이다.
② 대전된 무한 장 원통의 내부 전기장은 0이다.
③ 도체 표면의 전기장은 그 표면에 평행이다.
④ 대전된 도체 내부의 전하 및 전기장은 모두 0이다.

 ③ 도체 표면의 전기장은 그 표면에 수직이다.

7 옴의 법칙을 바르게 설명한 것은?

① 전류의 크기는 도체의 저항에 반비례한다.
② 전류의 크기는 도체의 저항에 비례한다.
③ 전압은 전류에 반비례한다.
④ 전압은 전류의 2승에 비례한다.

 $V = IR$
② 전류는 저항에 반비례한다.
③④ 전압은 전류에 비례한다.

8 10[Ω]의 저항에 2[A]의 전류가 흐를 때 저항의 단자 전압은 얼마인가?

① 10[V]　　　　　　　② 20[V]
③ 30[V]　　　　　　　④ 40[V]

 $V = IR = 2 \times 10 = 20[V]$

9 전선에서 길이 1[m], 단면적 1[mm^2]를 기준으로 고유 저항의 단위는 어떻게 나타내는가?

① $[\Omega]$

② $[\Omega \cdot m^2]$

③ $[\dfrac{\Omega}{mm^2}]$

④ $[\dfrac{\Omega \cdot mm^2}{m}]$

 $R = \rho\dfrac{1}{A}[\Omega]$이므로 $\rho = \dfrac{R[\Omega]\cdot A[mm^2]}{l[m]}$

10 $R_1 = 3[\Omega]$, $R_2 = 5[\Omega]$, $R_3 = 6[\Omega]$의 저항 3개를 그림과 같이 병렬로 접속한 회로에 30[V]의 전압을 가하였을 때, R_2에 흐르는 전류[A]는?

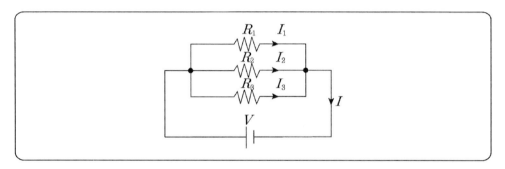

① 2[A]

② 4[A]

③ 6[A]

④ 8[A]

 저항 R_2에 걸리는 전압이 30[V]이므로 $V = I_2 R_2$, $I_2 = \dfrac{V}{R_2} = \dfrac{30}{5} = 6[A]$

11 비유전율이 큰 산화티탄 등을 유전체로 사용한 것으로 극성이 없으며 가격에 비해 성능이 우수하여 널리 사용되고 있는 콘덴서의 종류는?

① 전해 콘덴서

② 세라믹 콘덴서

③ 마일러 콘덴서

④ 마이카 콘덴서

 세라믹 콘덴서
ⓒ 극성이 없으며 소용량이다.
ⓒ 극판 사이의 간격을 크게 하거나 작게 하여 콘덴서의 용량을 조절할 수 있다.
ⓒ 주파수 특성으로는 두 극판이 떨어져 있어서 충전이 되면 더 이상 전류가 흐르지 않으며, 교류전압을 하게 되면 교류의 값과 극성의 값이 계속 변하여 전류가 잘 흐르게 된다.
ⓒ 주파수가 크면 전류가 잘 흐르게 되고 주파수가 작으면 전류가 잘 흐르지 않는다.

12 다음 중 정전계의 정의로 가장 바른 것은?

① 전계에너지가 최소로 되는 전하분포전계이다.

② 전계에너지와는 무관한 전하분포전계이다.

③ 전계에너지가 최대로 되는 전하분포전계이다.

④ 전계에너지가 일정하게 유지되는 전하분포전계이다.

 정전계 … 정지하고 있는 전하에 의해서 발생하는 전기력이 작용하는 장소로서 주어진 조건에서 보유에너지가 최소가 되도록 전계를 형성한다(즉, 정전계에서는 에너지 분포가 최소이다).

13 전기력선의 성질에 대한 설명으로 옳지 않은 것은?

① 전기력선은 도체 내부에 존재한다.

② 전속밀도는 전하와의 거리 제곱에 반비례한다.

③ 전기력선은 등전위면과 수직이다.

④ 전하가 없는 곳에서 전기력선 발생은 없다.

 전기력선은 도체 외부에 존재하며 양(+)전하에서 시작하여 음(−)전하에서 끝난다.

14 전기장에 대한 설명으로 옳지 않은 것은?

① 전기장의 방향은 양전하가 받는 힘의 방향과 같다.
② 전기장의 세기는 전기력선이 밀한 곳에서 약하다.
③ 전기장의 단위는 V/m로 쓸 수 있다.
④ 전기장의 방향은 등전위면에 수직이다.

 전기력선의 밀도가 높은 곳이 전기장이 센 곳이다.

15 전류의 방향과 자장의 방향은 각각 나사의 진행방향과 회전 방향에 일치한다와 관계가 있는 법칙은?

① 플레밍의 왼손법칙
② 앙페르의 오른나사법칙
③ 플레밍의 오른손법칙
④ 키르히호프의 법칙

 앙페르 오른나사법칙 … 전선에 전류를 흐르게 하면 그 주위에 전류의 세기에 비례하고 전선에서의 거리에 반비례하는 자계가 발생하며, 이 자력선은 전선을 중심으로 하는 동심원산이 된다. 전류가 흐르는 방향과 자력선의 방향 사이에는 다음의 관계가 있다. "전류의 방향을 오른나사의 진행 방향에 일치시키면 자력선의 방향은 오른나사가 회전하는 방향과 일치한다." 이것을 앙페르의 오른나사법칙이라고 한다. 또 기호로 표기하고자 할 때에는 전류가 들어가는 곳은 자력선이 오른나사가 회전하는 방향으로, 전류가 나오는 곳은 그 반대 방향으로 표기한다.

16 자기장의 세기에 대한 설명으로 옳지 않은 것은?

① 단위 자극에 작용하는 힘의 크기와 동일하다.
② 수직단면의 자력선 밀도와 동일하다.
③ 단위 길이당 기자력과 동일하다.
④ 자속밀도와 투자율의 곱이다.

 자속밀도를 투자율로 나눈 것이다.

Answer ↪ 11.② 12.① 13.① 14.② 15.② 16.④

17 긴 직선 도선에 $I[\mathrm{A}]$의 전류가 흐를 때 이 도선으로부터 r만큼 떨어진 곳의 자기장의 세기는?

① I에 반비례하고, r에 비례한다.

② I에 비례하고, r에 반비례한다.

③ I의 제곱에 비례하고, r에 반비례한다.

④ I에 비례하고, r의 제곱에 반비례한다.

$$H = \frac{I}{2\pi r}\,[\mathrm{AT/m}]$$
전류에 비례하고 거리에 반비례한다.

18 수은이나 유체금속과 같이 변형이 가능한 도체에 전류를 흘리면, 이것에 작용하는 전자력에 의하여 도체의 어느 곳인가에 단면이 좁아진 부분이 생겨 도체가 수축되어 유체금속이 끊어지는 현상은?

① 제베크 효과　　　　　　　　② 빌라리 효과

③ 핀치 효과　　　　　　　　　④ 홀 효과

저주파 유도로 인하여 핀치 효과가 발생한다.
① 2종류의 금속을 둥근 모양으로 접속하고 두 점 사이에 온도차를 주면 기전력이 발생하여 전류가 흐르는 현상이다.
② 강자성물질의 내부의 역학적 변형이 자기장의 변화를 일으키는 현상으로 역자기변형효과라고도 한다.
④ 금속 및 반도체를 자기장 속에 놓고 자기장의 방향에 직각으로 고체 속에 전류를 흘리면 두 방향 각각에 직각방향으로 고체 내에 전기장이 나타나는 현상이다.

19 공항 보안검색대에서 몸 수색시 사용하는 금속 탐지기는 어떤 현상을 이용한 것인가?

① 홀 효과　　　　　　　　　　② 자기장 변화에 의한 전류 유도

③ 전자기파의 간섭　　　　　　④ 전자기파의 회절

공항 보안검색대의 금속 탐지기는 자기장 변화에 의한 전류 유도를 이용한 것이다.

20 다음 중 자기장을 형성하기 위해 코일에 축적되는 에너지는?

① 화학에너지 　　　　　　　　② 빛에너지
③ 전자에너지 　　　　　　　　④ 물리에너지

 전자에너지 … 코일에 전류가 흘러 축적되는 에너지로 자기장을 형성한다.

21 임의의 한 점에 유입하는 전류의 대수합이 0이 되는 법칙은?

① 비오-사바르의 법칙
② 플레밍의 법칙
③ 키르히호프의 법칙
④ 렌츠의 법칙

 키르히호프의 법칙
　ⓐ 제1법칙 : 임의의 한 점에 유입되는 전류의 합은 유출되는 전류의 합과 동일하다.
　ⓑ 제2법칙 : 임의의 폐회로 내의 일주방향에 따른 전압강하의 합은 기전력의 합과 동일하다.

22 어떤 부하에 흐르는 전류와 전압강하를 측정하려고 할 때 전류계와 전압계의 접속방법은?

① 전류계와 전압계를 부하에 모두 직렬로 접속한다.
② 전류계와 전압계를 부하에 모두 병렬로 접속한다.
③ 전류계는 부하에 직렬, 전압계는 부하에 병렬로 접속한다.
④ 전류계는 부하에 병렬, 전압계는 부하에 직렬로 접속한다.

 전류계와 전압계
　ⓐ 전류계 : 전류의 세기를 측정하기 위해 사용하며 회로에 직렬로 연결한다.
　ⓑ 전압계 : 회로에 걸리는 전압을 측정하기 위해 사용하며 회로에 병렬로 연결한다.

23 다음 중 도선의 저항에 대한 설명으로 옳은 것은?

① 도선의 길이에 비례하고, 직경에 반비례한다.
② 도선의 길이에 비례하고, 단면적에 반비례한다.
③ 도선의 직경에 비례하고, 길이에 반비례한다.
④ 도선의 직경에 비례하고, 단면적에 반비례한다.

 $R = \rho \dfrac{1}{S} = 고유저항 \times \dfrac{길이}{단면적}$

24 전류가 전압에 비례하는 것은 다음 중 어느 것과 관계가 있는가?

① 키르히호프의 법칙   ② 옴의 법칙
③ 줄의 법칙   ④ 렌츠의 법칙

 ① 복잡한 구성회로의 전류와 전압의 계산을 위한 법칙으로 옴의 법칙을 응용한 것이다.
③ 도체에 전류를 흘리면 도체에는 열이 발생한다는 발열법칙이다.
④ 자속변화에 의한 유도기전력의 방향(증가/감소)을 결정하는 법칙이다.

25 저항 R, 인덕턴스 L, 정전용량 C를 직렬로 연결한 RLC 직렬회로에 교류를 가해 직렬공진이 일어났을 경우 나타나는 현상과 관계가 없는 것은?

① 역률이 1이다.
② 무효전력이 0이다.
③ 전류와 전압이 동상이다.
④ L과 C의 직렬회로와 같다.

 직렬공진
㉠ 임피던스 $Z = R$이 되어 임피던스는 최소, 전류는 최대가 된다.
㉡ 전압과 전류가 동상이다.
㉢ 역률은 1이다.
㉣ 무효전력은 0이다($\because VI\sin\theta$에서 $\sin\theta$가 0이므로).

26 비선형 회로에서 생기는 일그러짐(distortion)에 대한 설명으로 옳은 것은?

① 입력신호의 성분 중에 잡음이 섞여 생긴다.

② 출력 측에 입력신호의 고조파가 발생함으로써 생긴다.

③ 입력 측에 출력신호의 고조파가 발생함으로써 생긴다.

④ 출력신호의 성분 중에 잡음이 섞여 생긴다.

 비선형 회로에서 발생하는 일그러짐은 출력 측에 입력신호의 고조파가 발생함으로써 생긴다. 이와 같은 일그러짐을 고조파 일그러짐 또는 비직선 일그러짐이라고 한다.

27 평형 다상 교류회로에서 대칭 평형부하에 공급되는 총전력의 순시값에 대한 설명으로 옳은 것은?

① 3상 부하회로에 한해서 일정하다.

② 시간에 따라 불규칙적으로 변한다.

③ 시간에 따라 정현적으로 변화한다.

④ 시간에 관계없이 모든 다상 부하회로에서 항상 일정하다.

 평형 다상회로에 공급되는 순시전력의 총합은 시간에 관계없이 일정하고 그 회로의 평균전력과 같다.

28 다음 중 큰 값일수록 좋은 것은?

① 접지저항

② 절연저항

③ 도체저항

④ 접촉저항

 절연저항은 전류가 도체에서 절연물을 통하여 다른 충전부나 기기의 케이스 등에서 새는 경로의 저항이다. 충전부분에 물기가 있으면 보통보다 대단히 낮은 저항이 되며 새는 전류가 많게 된다. 절연 저항이 저하하면 감전이나 과열에 의한 화재 및 쇼크 등의 사고가 뒤따른다.

Answer ↱ 23.② 24.② 25.④ 26.② 27.④ 28.②

29 다음 중 전류의 열작용과 가장 관계가 깊은 것은?

① 줄의 법칙

② 옴의 법칙

③ 쿨롱의 법칙

④ 플레밍의 법칙

 줄의 법칙 … 저항체에 흐르는 전류의 크기와 단위시간당 발생하는 열량과의 관계를 나타내는 법칙이다. 전류로 인해 발생하는 열량 Q는 도체의 전기저항 R과 전류의 세기 I^2과 시간 t에 비례하게 된다.

30 양극판 부근에 양극판 금속의 염류를 두고 전류가 통할 때 그 염류 중의 금속이온을 양극판 위에 석출시켜 수소를 양극판 위에 유리시키지 않는 감극법을 쓰고 있는 전지는?

① 다니엘 전지

② 르클랑셰 전지

③ 중크롬산 전지

④ 공기 전지

 ② 양극에 탄소, 음극에 아연, 전해액으로 염화암모늄 용액을 사용하는 건전지로 망간 혹은 르클랑셰 전지라고 한다.

③ 양극에 탄소, 음극에 아연, 전해액으로 중크롬산칼륨을 사용하는 전지로 단시간에 다량의 전류를 흘릴 수 있다.

④ 전지 내의 기전력을 방지하기 위해 복극제을 사용하는 것으로 보청기 등에 사용한다.

전기기기

1 동기기에서 부하각이란?

① 부하전류와 여자전압 사이의 위상각
② 부하전류와 계자전류 사이의 위상각
③ 부하전류와 단자전압 사이의 위상각
④ 단자전압과 여자전압 사이의 위상각

 부하각이란 유도기전력과 단자전압의 위상차를 말한다.
$E \angle \theta_1$, $V \angle \theta_2$ 이면 부하각은 $\delta = \theta_1 - \theta_2$

2 단자전압 150[V], 전기자전류 10[A], 전기자저항 2[Ω], 회전속도 1,800[rpm]인 직류전동기의 역기전력[V]은?

① 100
② 110
③ 120
④ 130

 직류전동기의 역기전력 $E = V - I_a r_a = 150 - 10 \times 2 = 130[V]$

3 지하철에서 트랙션(traction) 전동기에 남아 있는 에너지를 지하철 객차 내의 히터로 보내 열에너지로 소모시키는 제동방법은?

① 회생제동
② 역상제동
③ 발전제동
④ 마찰제동

 발전제동과 회생제동
㉠ 발전제동 : 전동기를 정지시키고자 하는 경우에 전동기를 전원에서 분리시키면 정지하기 까지 발전을 하게 된다. 이때 발생한 전력을 저항으로 열을 발산하여 소비하는 방법을 발전제동 이라고 한다.
㉡ 회생제동 : 발전제동과 같이 전력이 발생한 것을 전원으로 되돌려 사용하는 것을 회생 제 동이라고 한다.

Answer↳ 29.① 30.① / 1.④ 2.④ 3.③

4 직류발전기에서 정류를 좋게 하는 방법으로 옳지 않은 것은?

① 브러시 접촉 저항을 크게 한다.
② 리액턴스 전압을 크게 한다.
③ 보극을 설치한다.
④ 정류 주기를 길게 한다.

 부하가 증가하면 전기자전류도 증가하기 때문에 리액턴스 전압도 고압으로 되므로 불꽃의 발생
이 많아지고, 정류자나 브러시를 과열시켜 손상케 한다. 이것은 코일의 자기인덕턴스가 원인이므
로 보극을 설치하거나 접촉 저항이 큰 브러시를 사용하여 간략전류를 억제시킨다. 따라서 리액
턴스전압을 낮추도록 해야 한다

5 변압기유가 갖추어야 할 조건으로 옳지 않은 것은?

① 인화의 위험성이 없고 인화점이 높아야 한다.
② 절연 저항 및 절연 내력이 높아야 한다.
③ 비열과 열전도도가 크며 점성도가 낮아야 한다.
④ 응고점이 높고, 투명하여야 한다.

 변압기유에는 주로 광유가 사용된다. 광유는 절연 내력이 있고, 비열이 공기보다 크며 냉각효과
가 있어서 변압기유에 적합하다.
④ 응고점이 높으면 상용온도에서 굳기 때문에 절연 및 냉각효과가 매우 떨어지게 된다.

6 직류기에서 브러시의 역할은?

① 기전력 유도   ② 정류 작용
③ 전기자 권선   ④ 자속 생성

 직류기에서 브러시는 전기자 권선과 외부 회로 접속 역할을 한다.

7 자동제어 장치의 특수 전기기기로 사용되는 전동기는?

① 전기 동력계
② 직류 스테핑 모터
③ 3상 유도전동기
④ 초동기 전동기

 자동제어 특수 전기기기로 사용되는 전동기는 직류 스테핑 모터이다.

8 일반적으로 10[kW] 이하 소용량인 전동기는 동기 속도의 몇 %에서 최대 토크를 발생시키는가?

① 20%
② 40%
③ 60%
④ 80%

 일반적으로 10[kW] 이하 소용량인 전동기는 동기 속도의 80%에서 최대 토크를 발생시킨다.

9 유도 기전력 120[V], 전기자 저항 및 계자저항이 각각 0.05[Ω]인 직권 발전기가 있다. 부하 전류가 100[A]이면, 단자 전압은?

① 90[V]
② 100[V]
③ 110[V]
④ 120[V]

 $V = E - I(R_a + R_s) = 120 - 100 \times (0.05 + 0.05) = 110[V]$

10 주파수 60[Hz]의 전원에 2극의 동기 전동기를 연결하면 회전수는?

① 4,800
② 3,600
③ 2,400
④ 1,200

$N_s P = 120f,\ N_s = \dfrac{120f}{P} = \dfrac{120 \times 60}{2} = 3,600[rpm]$

Answer → 4.② 5.④ 6.③ 7.② 8.④ 9.③ 10.②

11 변압기에 대한 설명 중 옳지 않은 것은?

① 전압을 변성한다.
② 전력을 발생하지 않는다.
③ 정격출력은 1차측 단자를 기준으로 한다.
④ 변압기의 정격용량은 피상전력으로 표시한다.

 변압기의 정격출력은 2차측 단자를 기준으로 정격주파수와 2차측 정격전압에서 운전시 규정된
온도상승을 초과하지 않는 출력을 말한다.

12 다음 중 이상적인 **병렬 운전**을 위한 **구비조건**으로 옳지 않은 것은?

① 무부하에서 순환 전류가 흐르지 않을 것
② 각 변압기의 권선비와 1차 및 2차의 정격 전압이 같을 것
③ 각 변압기의 임피던스가 정격 용량에 비례할 것
④ 부하 전류가 용량에 비례하여 각 변압기에 흐를 것

 변압기의 병렬 운전 조건
㉠ 각 변압기의 극성이 같을 것
㉡ 권수비가 같고 1차 및 2차의 정격 전압이 같을 것
㉢ % 임피던스 전압의 비가 같을 것
㉣ 각 변압기의 임피던스가 정격 용량에 반비례할 것
㉤ 부하 전류가 같은 위상일 것
㉥ 부하 전류가 용량에 비례해서 각 변압기에 흐를 것

13 변압기의 소음을 감소시키기 위한 방법으로 가장 적당한 것은?

① 부하를 많이 걸어준다.　　　② 철심을 단단하게 조여 준다.
③ 철심의 단면적을 넓힌다.　　④ 콘서베이터를 설치한다.

 변압기 소음의 저감 방법
㉠ 철심, 권선 등을 단단하게 조여 준다.
㉡ 철심의 자속밀도를 낮게 하고 자기왜형이 작은 철심재료를 사용한다.
㉢ 진동의 전달을 방지하기 위해 변압기 본체와 탱크, 탱크와 설치대 사이에 방진지지대를 설치
한다.
㉣ 탱크 외면에 방음벽을 설치한다.
㉤ 풍냉식 변압기는 냉각 팬으로 경음 팬을 사용하고 방음장치를 한다.

14 다음 중 변압기에서 효율이 가장 높은 경우에 해당하는 것은?

① 철손과 동손이 2:1인 경우
② 철손과 동손이 1:1인 경우
③ 철손과 동손이 1:2인 경우
④ 철손과 동손이 2:3인 경우

 입력과 출력의 비를 효율이라 하며, 최대 효율은 철손과 동손의 비가 같을 경우이므로 철손과 동손이 1:1인 경우 최대 효율이 된다.

15 다음 제동방법 중 급정지하는 데 가장 좋은 제동방법은?

① 발전제동
② 회생제동
③ 역상제동
④ 단상제동

 역상제동 … 한 방향으로 운전하는 도중에 전원을 역방향 접속하여 전동기가 역회전하기 직전에 전원을 차단시켜 제동하는 방식으로 기계적 무리가 따른다.

16 전기자 반작용을 방지하기 위한 방법으로 옳지 않은 것은?

① 브러시의 위치를 중성점으로 이동시킨다.
② 브러시의 폭을 넓혀 불꽃 발생을 최소화시킨다.
③ 보극을 설치한다.
④ 보상 권선을 설치한다.

 전기자 반작용의 방지 대책
㉠ 보상 권선 및 보극을 설치한다.
㉡ 브러시의 위치를 전기적 중성점으로 이동시킨다.

Answer→ 11.③ 12.③ 13.② 14.② 15.③ 16.②

17 다음 중 직류기에 탄소 브러시를 사용하는 이유로 옳은 것은?

① 고유 저항이 다른 금속보다 작기 때문에

② 접촉 저항이 낮기 때문에

③ 접촉 저항이 높기 때문에

④ 고유 저항이 다른 금속보다 크기 때문에

 정류시 불꽃이 발생하지 않으려면 브러시의 접촉 저항은 커야 한다.

18 직류 직권 전동기의 계자 코일 연결 단자를 서로 바꾸어 결선하면 어떤 현상이 나타나는가?

① 직류 직권 발전기가 된다.　　　　② 직류 분권 전동기가 된다.

③ 전동기가 회전하지 않는다.　　　　④ 전동기의 회전 방향이 반대가 된다.

 직류 직권 발전기와 직류 직권 전동기는 서로 가역적인 상태이기 때문에 계자 코일의 연결 단자를 바꾸게 되면 직류 직권 전동기는 직류 직권 발전기가 된다.

19 유도 전동기의 원선도의 제작에 필요한 자료 중 직접 측정하기 어려운 것은?

① 1차 권선 저항　　　　　　　　　② 여자 전류의 역률각

③ 정격 전압의 여자 전류　　　　　④ 정격 전압의 단락 전류

 1차 권선 저항, 여자 전류의 역률각, 정격 전압에 있어서의 여자 전류는 계측기로 직접 측정이 가능하나 정격 전압에 있어서 단락시 전류는 정격 전압을 가할 경우 크기가 매우 커지므로 정격 전류와 같은 전류를 통하는 임피던스 전압을 가하여 얻어지는 전류를 가지고 계산에 의해 구해야 한다.

20 3상 유도 전동기의 회전 방향은 발생되는 회전 자계의 회전 방향에 따라 어떻게 변하는가?

① 아무 관계도 없다.

② 회전 자계의 회전 방향으로 회전한다.

③ 회전 자계의 반대 방향으로 회전한다.

④ 부하 조건에 따라 달라진다.

 3상 유도 전동기는 자계의 방향이 없고 회전력이 생기지 않으므로 대칭 3상 권선으로 3상 교류 전압을 가하게 되면 회전 자계가 발생하고, 회전자는 회전 자계 방향으로 회전하게 된다.

21 3상 유도 전동기의 구동 원리에 대한 설명으로 옳은 것은?

① 아라고 원판의 회전 원리에 의한 회전 자장이다.

② 아라고 원판의 회전 원리에 의한 교번 자장이다.

③ 아라고 원판의 슬립 원리에 의한 회전 자장이다.

④ 아라고 원판의 슬립 원리에 의한 교번 자장이다.

 3상 유도 전동기의 구동 원리 ⋯ 고정자 철심에 3상 권선을 설치하고 3상 교류를 가하여 형성된 회전 자기장을 회전자에 설치하면 아라고 원판의 회전과 같이 회전하게 된다. 즉, 아라고 원판의 회전 원리에 의한 회전 자장이라 할 수 있다.

22 동기 전동기의 장점이 아닌 것은?

① 직류 여자가 필요하다.　　　　　　② 전부하 효율이 양호하다.

③ 역률 1로 운전할 수 있다.　　　　　④ 동기 속도를 얻을 수 있다.

 동기 전동기의 장점
　　㉠ 속도가 일정불변이다.
　　㉡ 항상 역률은 1이다.
　　㉢ 부하 역률 개선이 가능하다.
　　㉣ 유도 전동기에 비해 효율이 좋다.
　　※ 동기 전동기의 단점
　　　　㉠ 기동토크가 작고 속도 조정이 불가능하다.
　　　　㉡ 난조를 일으킬 수 있다.
　　　　㉢ 여자 직류 전원을 필요로 하며 설비비가 고가이다.

23 부하에 콘덴서를 설치하여 앞선 전류가 흐르고 있는 동기 발전기에 대한 설명으로 옳은 것은?

① 단자 전압이 상승하게 된다.

② 단자 전압이 낮아지게 된다.

③ 속도가 상승하게 된다.

④ 편자 작용이 일어나게 된다.

 콘덴서에 기전력보다 앞선 전류가 흐르고 있다면 자화 작용 및 증자 작용이 발생하여 단자 전압이 상승하게 된다.

Answer ↪ 17.③ 18.① 19.④ 20.② 21.① 22.① 23.①

24 다음 중 동기기의 안정도를 증가시키는 방법으로 옳지 않은 것은?

① 단락비를 크게 한다.
② 동기 탈조 계전기를 사용한다.
③ 속응 여자 방식을 채용한다.
④ 회전부의 플라이 휠 효과를 작게 한다.

 동기기의 안정도를 증가시키는 방법
ㄱ 영상 및 역상 임피던스를 크게 한다.
ㄴ 정상 리액터스를 작게 하고 단락비를 크게 한다.
ㄷ 자동 전압 조정기의 속응도를 크게 하고 속응 여자 방식을 채용한다.
ㄹ 발전기의 조속기 동작은 신속하게 이루어져야 한다.
ㅁ 동기 탈조 계전기를 사용한다.
ㅂ 회전부의 플라이 휠 효과를 크게 한다.

25 다음 중 베이스에 전류를 흘렀을 때만 컬렉터 전류가 흐르고, 스위치용 파워디바이스는 턴 오프(turn off)를 빨리하기 위해 오프(off)시에 역전압을 인가하며, 인버터 제어와 초퍼 제어에 사용되는 소자로 가장 적합한 것은?

① 바이폴러 트랜지스터(bipolar transistor)
② TRIAC(triode AC switch)
③ 다이오드(diode)
④ SCR(silicon controlled rectifier)

 Bipolar transistor(전력용 트랜지스터) … 인버터용 스위칭소자로 반도체의 PN접합을 사용하여 증폭작용을 하도록 만든 능동소자로 이미터, 베이스, 컬렉터로 구성되어 있다. 베이스 전류에 의해 on, off가 자유롭고 과부하에는 약하며 저전압·소용량 전동기에 적합하다.

26 다음 중 교류를 직류로 변환할 수 있는 전기기기가 아닌 것은?

① 수은 정류기　　　　　　　　　② 회전 변류기
③ 전동 발전기　　　　　　　　　④ 단극 발전기

 ④ 도체가 일정 방향의 자속을 동일한 방향으로 끊으며 운동하면 전자 유도 법칙에 의해 도체의 양단에 일정 방향의 직류 전압을 발생시키는 직류 발전기에 해당한다.

27 다음 중 사이리스터를 사용하지 않는 것은?

① 타이머 회로   ② 트리거 회로

③ 온도 제어 회로   ④ 정지 스위치

 사이리스터는 위상 제어, 정지 스위치, 초퍼, 타이머 회로, 트리거 회로, 과전압 회로 등에 사용된다.

28 다음 중 권선의 층간 단락 사고를 검출할 수 있는 계전기는?

① 과전류 계전기   ② 차동 계전기

③ 접지 계전기   ④ 역상 계전기

 차동 계전기 … 발전기 및 변압기의 층간 단락 등 내부 고장 검출에 사용되는 계전기이다.

29 다음 온도 측정 장치 중 변압기의 권선 온도 측정 장치로 사용할 수 있는 것은?

① 봉상 온도계   ② 열동 계전기

③ 탐지 코일   ④ 수은 온도계

 권선의 온도는 직접 온도계로 측정이 어렵고 열동 계전기를 이용하여 측정할 수 있다.

30 다음 중 보호 계전기의 보호대상이 아닌 것은?

① 수전회로의 단락 사고   ② 배전선의 단락 사고

③ 변전기의 내부 고장   ④ 전력용 콘덴서의 설비 사고

 보호계전기의 보호대상
ㄱ 수전회로의 단락 및 지락 사고
ㄴ 변압기의 내부 고장 및 과부하
ㄷ 변압기의 2차 모선 단락 및 지락 사고
ㄹ 배전선의 단락 사고 및 지락 사고
ㅁ 전력용 콘덴서의 설비 사고

Answer ↱ 24.④   25.①   26.④   27.③   28.②   29.②   30.③

전기설비

1 교실의 면적이 200[㎡]인 건물에 광속이 5,000[lm]인 형광등을 20개 설치할 경우 조도[lux]는?

① 300 ② 400

③ 500 ④ 600

 조도 $E = \dfrac{F}{A}$ 이므로 $E = \dfrac{5,000 \times 20}{200} = 500[\text{lux}]$이다.

2 어떤 건물의 최대수용전력이 1,000[kVA]이고, 설비용량이 1,500[kVA]일 때, 수용률[%]은? (단, 소수 둘째자리에서 반올림)

① 45.5 ② 57.5

③ 66.7 ④ 71.9

 수용률 $= \dfrac{\text{최대수용전력}[kW]}{\text{설비용량}} \times 100 = \dfrac{1,000}{1,500} \times 100 = 66.7$

3 다음은 디젤과 가스터빈 발전기의 비교이다. 옳지 않은 것은?

	구분	디젤 발전기	가스터빈 발전기
①	구동형태	맥동 회전행정	연속 회전행정
②	구조	복잡하고 무겁다	간단하고 가볍다
③	순간전압 변동률	작다	크다
④	가격	낮다	높다

 순간전압 변동률에 대한 비교가 반대로 되었다.

4 다음 중 저압간선에 사용하는 배전방식이 아닌 것은?

① 단상 2선식

② 단상 3선식

③ 삼상 3선식

④ 삼상 4선식

 전압에 따른 배전방식

㉠ 저압간선

• 단상 2선식 : 220[V] → 일반주택, 상가 등

• 삼상 3선식 : 220/440[V] → 공장 및 빌딩

• 삼상 4선식 : 220/380[V] → 삼상 동력 및 전등간선에 사용

㉡ 고압간선 : 삼상 3선식 : 3.3[kV], 6.6[kV] → 대형부하의 고압 전동기, 중간 변전실로의 간선

㉢ 특별고압간선

• 삼상 3선식 : 22[kV] → 154[kV]의 배전선로

• 삼상 4선식 : 22.9[kV] → 자가용 수전설비

5 삼상 4선식 선로에서 1선과 중성선과 설비용량이 100[kVA], 80[kVA], 60[kVA]일 때, 선로의 불평형률[%]은?

① 30

② 40

③ 50

④ 60

 $\dfrac{\text{중성선과 각 선간의 최대 설비용량차}[kVA]}{\dfrac{\text{총설비용량}[kVA]}{3}} = \dfrac{100-60}{\dfrac{100+80+60}{3}} \times 100 = 50$

6 전선 접속에 관한 설명으로 옳지 않은 것은?

① 접속 부분은 납땜을 한다.

② 전선의 세기를 20% 이상 유지해야 한다.

③ 접속 부분의 전기 저항을 증가시켜서는 안 된다.

④ 절연을 원래의 절연 효력이 있는 테이프로 충분히 한다.

 ② 전선 접속 시 전선의 세기는 80% 이상을 유지해야 한다.

7 인류하는 곳이나 분기하는 곳에 사용하는 애자는?

① 현수 애자

② 가지 애자

③ 구형 애자

④ 새클 애자

> (Tip) 인류하는 곳이나 분기하는 곳에 사용하는 애자는 현수 애자이다.

8 박스 내에서 가는 전선을 접속할 때에는 어떤 방법으로 접속하는가?

① 슬리브 접속

② 트위스트 접속

③ 브리타니어 접속

④ 쥐꼬리 접속

> (Tip) 박스 내에서 가는 전선을 접속할 때에는 쥐꼬리 접속을 한다.

9 옥내 저압 이동 전선으로 사용하는 캡타이어 케이블에는 단심, 2심, 3심, 4~5심이 있다. 이 때 도체 공칭 단면적의 최솟값은?

① 0.75mm^2

② 2.5mm^2

③ 5.5mm^2

④ 7.5mm^2

> (Tip) 캡타이어 케이블의 도체 공칭 단면적 최솟값은 0.75mm^2이다.

10 애자 사용 공사를 건조한 장소에 시설하고자 한다. 사용 전압이 400[V] 미만인 경우 전선과 조영재 간의 이격거리는 최소 몇 이상이어야 하는가?

① 2.5cm 이상

② 4.5cm 이상

③ 6cm 이상

④ 8cm 이상

> (Tip) 전선과 조영재 간의 이격거리 제한은 사용 전압에 따라 다르다. 사용 전압이 400[V] 미만인 경우는 2.5cm 이상, 사용 전압이 400[V] 이상인 경우는 4.5cm 이상으로 한다. 그러나 건조한 장소에 시설하는 경우에는 사용 전압이 400[V] 이상이라도 2.5cm 이상으로 할 수 있다.

11 전로에 지락이 생겼을 경우에 부하기기, 금속제 외함 등에 발생하는 고장전압 또는 지락전류를 검출하는 부분과 차단기 부분을 조합하여 자동적으로 전로를 차단하는 장치는?

① 누전차단장치

② 과전류차단기

③ 누전경보장치

④ 배선용차단기

 누전차단장치 … 전로에 지락이 생겼을 때 부하기기, 금속제 외함 등에 발생하는 영상전압 또는 영상전류를 검출하는 부분과 차단기 부분을 조합하여 자동적으로 전로를 차단하는 장치를 말한다.
※ **누전경보장치** … 전로에 지락이 생겼을 경우에 부하기기, 금속제 외함 등에 발생하는 조강전압 또는 지락전류를 검출하는 부분과 경보를 내는 부분을 조합하여 자동적으로 소리, 빛 및 기타의 방법으로 경보를 내는 장치를 말한다.

12 누전차단기에 대한 설명으로 옳지 않은 것은?

① 누전차단기는 일반적으로 고감도형, 중감도형, 저감도형으로 분류할 수 있다.

② 인입구장치 등에 시설하는 누전차단기는 충격파 동작형이어야 한다.

③ 누전차단기의 조작용 손잡이는 트립 프리 기구이어야 한다.

④ 누전경보기의 음성경보장치는 원칙적으로 벨식인 것으로 하여야 한다.

 인입구장치 등에 시설하는 누전차단기는 충격파 부동작형이어야 한다.

13 물체의 두께, 깊이, 안지름 및 바깥지름 등을 모두 측정할 수 있는 공구의 명칭은?

① 버니어 켈리퍼스

② 마이크로미터

③ 다이얼 게이지

④ 와이어 게이지

 버니어 캘리퍼스 … 금속제의 본척과 측정용의 버니어를 조합시킨 측정기를 말한다. 보통으로 사용되는 표준형 버니어 캘리퍼스는 본척의 1눈금은 1mm, 버니어의 눈금 19mm를 20등분하고 있으므로 최소 1/20mm의 치수까지 읽을 수 있다. 공작물 등의 치수 및 공사 현장에서의 철근이나 강관 등의 외경 치수나 내경 치수의 측정에 널리 사용된다.

Answer ⇨ 7.① 8.④ 9.① 10.① 11.① 12.② 13.①

14 전선의 접속방법에 대한 설명으로 옳지 않은 것은?

① 전선의 접속은 반드시 점검이 용이한 장소에서 시행하여야 한다.

② 전선의 접속은 전선로의 전기저항, 절연저항, 인장강도의 저하가 발생하지 않도록 하여야 한다.

③ 전선의 접속을 위하여 절연물을 제거할 경우에는 전선의 심선에 손상이 가지 않도록 와이어 스트리퍼를 이용하여 제거하여야 한다.

④ 전선의 접속은 직선접속, 분기접속, 종단접속, 슬리브에 의한 접속 등으로 할 수 있으며, 절연은 전선의 절연강도보다 낮아지도록 하여야 한다.

 전선의 접속은 직선접속, 분기접속, 종단접속, 슬리브에 의한 접속 등으로 하며, 절연은 전선의 절연강도보다 높아지도록 접속절연제 및 테이프 등을 사용하여 완전한 절연 확보를 하도록 하여야 한다.

15 S형 슬리브를 사용하여 전선을 접속하는 경우 유의사항으로 볼 수 없는 것은?

① 전선은 연선만 사용이 가능하다.

② 전선의 끝은 슬리브의 끝에서 약간 나오는 것이 좋다.

③ 슬리브는 전선의 굵기에 적합한 것을 사용한다.

④ 도체는 센드페이퍼 등으로 닦아서 사용한다.

 S형 슬리브를 사용한 전선접속 시 유의사항
ⓐ 전선은 연선 및 단선 모두 사용이 가능하다.
ⓑ 전선의 끝은 슬리브의 끝에서 조금 나오는 것이 좋다.
ⓒ 슬리브는 전선의 굵기에 적합한 것을 사용하는 것이 좋다.
ⓓ 도체는 샌드페이퍼 등으로 닦아서 사용한다.

16 저압 옥내배선을 금속관 공사에 의하여 시설하는 경우에 대한 설명으로 옳은 것은?

① 전선은 옥외용 비닐 절연전선을 사용한다.

② 전선은 굵기에 관계없이 단선을 사용한다.

③ 옥내배선의 사용전압이 600V 이하인 경우 관에는 제3종 접지공사를 하여야 한다.

④ 콘크리트에 매설하는 금속관의 두께는 1.2mm 이상이어야 한다.

 ① 전선은 옥외용 비닐 절연전선을 제외한 절연전선을 사용한다.
② 전선은 $10mm^2$ 이하의 단선을 사용하지 못한다.
③ 옥내배선의 사용전압이 400V 이하인 경우 제3종 접지공사를 한다.

17 애자 사용 공사에 대한 설명으로 옳지 않은 것은?

① 애자 사용 공사는 보수가 용이하고 고장 발생시 발견이 쉽다.

② 건물의 벽 안이나 기둥 등에 노브 애자·핀 애자 등을 사용하여 전선을 매설하는 공사를 말한다.

③ 전선이 조영재를 관통하는 부분이나 교차 또는 접근하는 부분에는 난연성 및 내수성의 절연관을 사용한다.

④ 절연전선을 애자로 지지하고 천장 표면, 벽 등 사람의 눈에 띄는 장소에 행하는 배선과 천장 등 사람의 눈에 띄지 않는 장소에 행하는 배선으로 구분한다.

 애자 사용 공사는 건물의 천장이나 벽면 등에 노브 애자·핀 애자 등을 사용하여 전선을 지지하는 공사를 말한다.

18 특고압 옥내 전기설비의 시설에 대한 설명으로 옳지 않은 것은?

① 사용전압은 100kV 이하로 하여야 한다.

② 전선은 케이블을 사용하여야 한다.

③ 케이블은 철재 또는 철근 콘크리트제의 관·덕트 기타의 견고한 방호장치에 넣어 시설하여야 한다.

④ 관 그 밖에 케이블을 넣는 방호장치의 금속제 부분·금속제의 전선 접속함 및 케이블의 피복에 사용하는 금속체에는 제3종 접지공사를 하여야 한다.

 관 그 밖에 케이블을 넣는 방호장치의 금속제 부분·금속제의 전선 접속함 및 케이블의 피복에 사용하는 금속체에는 제1종 접지공사를 하여야 하며, 다만, 사람이 접촉할 우려가 없도록 시설하는 경우에는 제3종 접지공사에 의할 수 있다.

Answer→ 14.④ 15.① 16.④ 17.② 18.④

19 고압 또는 특고압의 전로 중 피뢰기를 시설하여야 하는 장소가 아닌 것은?

① 비상용 조명장치 및 유도등의 비접지 선로
② 가공전선로에 접속하는 배전용 변압기의 고압측
③ 고압 또는 특고압 가공전선로로부터 공급을 받는 수용장소의 인입구
④ 가공전선로와 지중전선로가 접속되는 곳

 피뢰기를 시설하여야 하는 곳
  ㉠ 발전소·변전소 또는 이에 준하는 장소의 가공전선 인입구 및 인출구
  ㉡ 가공전선로에 접속하는 배전용 변압기의 고압측 및 특고압측
  ㉢ 고압 및 특고압 가공전선로로부터 공급을 받는 수용장소의 인입구
  ㉣ 가공전선로와 지중전선로가 접속되는 곳

20 특고압 보안공사에 대한 설명으로 옳지 않은 것을 고르면?

① 전선이 다른 시설물과 접근하거나 교차하는 경우 그 전선을 지지하는 애자장치는 아크 혼을 붙인 현수애자·장간애자 또는 라인포스트애자를 사용한 것이어야 한다.
② 지지선을 사용할 때에는 그 지지선에는 본선과 동일한 강도 및 굵기의 것을 사용하고 또한 본선과의 접속은 견고하게 하여 전기가 안전하게 전도되도록 하여야 한다.
③ 전선로에는 가공지선을 시설하여야 한다.
④ 특고압 가공전선에 지락 또는 단락이 생겼을 경우에 2초 이내에 자동적으로 이것을 전로로부터 차단하는 장치를 시설하여야 한다.

 특고압 가공전선에 지락 또는 단락이 생겼을 경우에 3초(사용전압이 100kV 이상인 경우에 2초) 이내에 자동적으로 이것을 전로로부터 차단하는 장치를 시설하여야 한다.

21 가공전선로의 지지물로부터 다른 지지물을 거치지 아니하고 수용장소의 붙임점에 이르는 가공전선을 무엇이라 하는가?

① 옥측배선　　　　　　　　　　　② 옥외배선

③ 가섭선　　　　　　　　　　　　④ 가공인입선

 ① 옥외의 전기사용장소에서 그 전기사용장소에서의 전기사용을 목적으로 조영물에 고정시켜 시설하는 전선
② 옥외의 전기사용장소에서 그 전기사용장소에서의 전기사용을 목적으로 고정시켜 시설하는 전선
③ 지지물에 가설되는 모든 선

22 배선기구에 대한 설명으로 가장 적절한 것은?

① 스위치 및 콘센트류의 기구를 말한다.

② 전선을 접속하는데 필요한 와이어 커넥터를 의미한다.

③ 전선 및 케이블을 전선관에 입선할 때 필요한 공구를 말한다.

④ 전선 및 케이블을 단말 처리할 때 필요한 압착 터미널류의 기구를 말한다.

 배선기구는 스위치류와 콘센트류의 기구를 말한다.

23 배전반 및 분전반의 설치장소로 적합하지 않는 곳은?

① 안정된 장소

② 밀폐된 장소

③ 개폐기를 쉽게 개폐할 수 있는 장소

④ 전기회로를 쉽게 조작할 수 있는 장소

 배전반 및 분전반의 설치장소
㉠ 전기회로를 쉽게 조작할 수 있는 장소
㉡ 개폐기를 쉽게 개폐할 수 있는 장소
㉢ 노출된 장소
㉣ 안정된 장소

Answer⤷ 19.① 20.④ 21.④ 22.① 23.②

24 저압 가공전선 또는 고압 가공전선이 가공약전류 전선 또는 가공 광섬유 케이블과 접근상태로 시설되는 경우에 대한 설명으로 옳지 않은 것은?

① 고압 가공전선은 고압 보안공사에 의하여야 하며, 고압 가공전선이 전력보안 통신선이나 이에 직접 접속하는 전력보안 통신선과 접근하는 경우에는 고압보안공사에 의하지 아니할 수 있다.

② 저압 가공전선이 가공약전류 전선 등과 접근하는 경우에는 저압 가공전선과 가공약전류 전선 등 사이의 이격거리는 30cm 이상이어야 한다.

③ 고압 가공전선이 가공약전류 전선 등과 접근하는 경우는 고압 가공전선과 가공약전류 전선 등 사이의 이격거리는 80cm 이상이어야 한다.

④ 가공전선과 약전류 전선로 등의 지지물 사이의 이격거리는 저압은 30cm 이상, 고압은 60cm 이상이어야 한다.

 저압 가공전선이 가공약전류 전선 등과 접근하는 경우에는 저압 가공전선과 가공약전류 전선 등 사이의 이격거리는 60cm[가공약전류 전선로 또는 가공 광섬유 케이블 선로(가공약전류 전선로)로서 가공약전류 전선 등이 절연전선과 동등 이상의 절연효력이 있는 것 또는 통신용 케이블인 경우는 30cm] 이상이어야 한다. 다만, 저압 가공전선이 고압 절연전선, 특고압 절연전선 또는 케이블인 경우로서 저압 가공전선과 가공약전류 전선 등 사이의 이격거리가 30cm(가공약전류 전선 등이 절연전선과 동등 이상의 절연효력이 있는 것 또는 통신용 케이블인 경우에는 15cm) 이상인 경우에는 그러하지 아니하다.

25 변전실의 기기 배치시 주의하여야 할 사항으로 볼 수 없는 것은?

① 특고압에서 변압기, 저압반으로 전기의 배전을 고려하여 배치하도록 한다.

② 간선으로 나가는 저압반은 간선의 인입구 방향으로 하면 케이블 시공이 용이하다.

③ 변압기 및 발전기의 설치 및 보수를 위하여 전기의 흐름을 고려하여 출입구는 감시실 옆으로 한다.

④ 배전반 사이의 보수 공간을 확보하고 감시실에서 배전반이 모두 보이도록 하여야 한다.

 변압기나 발전기 등의 설치 및 보수가 용이하도록 기기의 반입을 고려하여 출입구를 선정하여야 한다.

26 화약류 저장장소의 배선공사에서 전용 개폐기에서 화약류 저장소의 인입구까지는 어떤 공사를 하여야 하는가?

① 케이블을 사용한 옥측 전선로
② 금속관을 사용한 지중 전선로
③ 케이블을 사용한 지중 전선로
④ 금속관을 사용한 옥측 전선로

 화약류 저장장소의 전기배선공사 시에 전용 개폐기 또는 과전류 차단기에서 화약류 저장소의 인입구까지는 케이블을 사용하여 지중전선로 공사를 하여야 한다.

27 가연성 분진에 전기설비가 발화원이 되어 폭발할 우려가 있는 곳에 시설하는 저압 옥내전기설비의 전기기계기구는 분진 방폭형 보통방진구조로 되어 있어야 한다. 분진 방폭형 보통방진구조에 대한 설명으로 적합하지 못한 것은?

① 회전기축과 용기 사이 접합면은 패킹을 붙이는 방법, 라비린스 구조로 하는 방법 등에 의하여 외부로부터 먼지가 침입하지 아니하도록 한 구조이어야 한다.
② 용기를 관통하는 나사구멍과 볼트 또는 작은 나사와는 턱 이상의 나사 결합으로 된 것이어야 한다.
③ 용기바깥면의 온도 상승한도의 값은 용기 외부의 가연성 먼지에 착화할 우려가 없는 것이어야 한다.
④ 전선이 관통하는 부분의 용기의 구조는 전선과 외함 간에 절연물을 충전하는 방법, 패킹을 붙이는 방법, 전선과 외함 사이의 접합면의 들어가는 깊이를 짧게 하는 방법 등에 의하여 외부로부터 먼지가 침입하지 아니하도록 한 것이어야 한다.

 전선을 관통하는 부분의 용기의 구조는 전선과 외함 간에 절연물을 충전하는 방법, 패킹을 붙이는 방법, 전선과 외함 사이의 접합면의 들어가는 깊이를 길게 하는 방법 등에 의하여 외부로부터 먼지가 침입하지 아니하도록 한 것이어야 한다.

Answer → 24.② 25.③ 26.③ 27.④

28 상설극장·영화관에 저압 전기설비를 시설할 경우에 대한 설명으로 옳지 않은 것은?

① 무대·무대마루 밑·오케스트라박스 및 영사실의 전로에는 전용 개폐기 및 과전류 차단기를 설치하여야 한다.

② 무대용의 콘센트 박스·플라이 덕트 및 보더라이트의 금속제 외함에는 특별 제3종 접지공사를 하여야 한다.

③ 무대마루 밑에 시설하는 전구선은 300/300V 편조 고무코드 또는 0.6/1kV EP 고무절연 클로로프렌 캡타이어 케이블을 사용하여야 한다.

④ 저압 옥내배선에는 전선의 피복을 손상하지 아니하도록 적당한 장치를 하여야 한다.

 무대용의 콘센트 박스·플라이 덕트 및 보더라이트의 금속제 외함에는 제3종 접지공사를 하여야 한다.

29 백열전등 또는 방전등에 전기를 공급하는 옥내의 전로 시설에 대한 설명으로 옳지 않은 것은?

① 백열전등 또는 방전등 및 이에 부속하는 전선은 사람이 접촉할 우려가 없도록 시설하여야 한다.

② 백열전등 또는 방전등용 안정기는 저압의 옥내배선과 직접 접속하여 시설하여야 한다.

③ 백열전등의 전구소켓은 키나 그 밖의 점멸기구가 있는 것이어야 한다.

④ 대지전압이 150V 이하의 전로인 경우에는 방전등용 안정기를 저압의 옥내배선과 직접 접속하지 않고 시설할 수 있다.

 백열전등의 전구소켓은 키나 그 밖의 점멸기구가 없는 것이어야 한다.

30 옥내에 시설하는 전동기에는 전동기가 소실될 우려가 있는 과전류가 생겼을 때 자동적으로 이를 저지하거나 이를 경보하는 장치를 하여야 한다. 다음 중 이 장치를 시설하지 않아도 되는 경우가 아닌 것은?

① 전동기를 운전 중 상시 취급자가 감시할 수 있는 위치에 시설하는 경우

② 전동기의 구조나 부하의 성질로 보아 전동기가 소손할 수 있는 과전류가 생길 우려가 없는 경우

③ 단상전동기로써 그 전원측 전로에 시설하는 과전류 차단기의 정격전류가 20A 이하인 경우

④ 단상전동기로써 그 전원측 전로에 시설하는 배선용 차단기의 정격전류가 20A 이하인 경우

 옥내에 시설하는 전동기에는 전동기가 소손될 우려가 있는 과전류가 생겼을 때에 자동적으로 이를 저지하거나 이를 경보하는 장치를 하여야 한다. 다만, 다음의 어느 하나에 해당하는 경우에는 그러하지 아니하다.
ⓐ 전동기를 운전 중 상시 취급자가 감시할 수 있는 위치에 시설하는 경우
ⓑ 전동기의 구조나 부하의 성질로 보아 전동기가 소손할 수 있는 과전류가 생길 우려가 없는 경우
ⓒ 단상전동기로써 그 전원측 전로에 시설하는 과전류 차단기의 정격전류가 15A(배선용 차단기는 20A)인 경우에는 그러하지 아니하다.

04 전기응용

1 전동기를 발전기로 작용시켜서 그 출력을 저항으로 소모시키는 제동법은?

① 발전제동　　　　　　　　　② 회생제동

③ 역상제동　　　　　　　　　④ 와류제동

 제동방법에는 기계적 제동과 전기적 제동방법이 있다. 발전제동은 전기적 제동방법의 하나로 전동기 전기자 권선을 전원에서 분리하여 발전기로 동작시켜 제동하는 방법이다.

2 플라이휠을 이용한 전동기의 운전방식은?

① 크레머 방식　　　　　　　　② 세르비우스 방식

③ 부스터 방식　　　　　　　　④ 일그너 방식

 일그너 방식은 플라이휠을 이용해서 변동이 심한 부하를 원활하게 운전할 수 있다.

3 다음 소자 중 쌍방향성 사이리스터가 아닌 것은?

① DIAC　　　　　　　　　　② TRIAC

③ SSS　　　　　　　　　　　④ GTO, SCR

 ④ GTO와 SCR은 단방향 3단자 소자이다.

4 다음 가열방법 중 직접 직류전원을 사용할 수 없는 가열방법은?

① 저항가열　　　　　　　　　② 아크가열

③ 유도가열　　　　　　　　　④ 적외선 가열

 유도가열은 유도자에 교류를 가하여 유도성 물체에 와류와 히스테리시스손이 발생하여 가열이 이루어지는 방식으로 교류전원을 사용한다.

5 전열기에서 발열선의 지름이 1[%] 감소하면 저항 및 발열량은 몇 [%] 증감되는가?

① 저항 2[%] 증가, 발열량 2[%] 감소
② 저항 2[%] 증가, 발열량 2[%] 증가
③ 저항 4[%] 증가, 발열량 4[%] 감소
④ 저항 4[%] 증가, 발열량 4[%] 증가

- 저항 $R \propto \dfrac{1}{D^2} = \dfrac{1}{0.99^2} = 1.02$
- 발열량 $H \propto \dfrac{1}{R} = \dfrac{1}{1.02} = 0.98$

6 조도는 광원으로부터 거리와 어떠한 관계가 있는가?

① 거리에 비례한다.　　　　　　② 거리의 제곱에 비례한다.
③ 거리에 반비례한다.　　　　　④ 거리의 제곱에 반비례한다.

$E = \dfrac{I}{r^2} \propto \dfrac{1}{r^2}$ [lx]

조도는 광원으로부터 거리의 제곱에 반비례한다.

7 20[Ω]의 전열선 1개를 100[V]에 사용하면 제어계의 철편으로 얼마의 전열이 소비되는가?

① 400[W]　　　　　　　　　　② 500[W]
③ 600[W]　　　　　　　　　　④ 700[W]

$P = \dfrac{V^2}{R} = \dfrac{100^2}{20} = 500$

8 엘리베이터에 주로 사용되는 전동기의 종류는?

① 직류 직권전동기　　　　　　② 동기전동기
③ 3상 유도전동기　　　　　　　④ 단상 유도전동기

엘리베이터는 직류전원을 사용할 경우 가동 복권전동기를, 교류전원을 사용할 경우 3상 유도전동기가 사용된다.

Answer → 1.① 2.④ 3.④ 4.③ 5.① 6.④ 7.② 8.③

9 인버터(inverter)는 어떤 전력 변환인가?

① 교류를 교류로 변환   ② 직류를 직류로 변환

③ 교류를 직류로 변환   ④ 직류를 교류로 변환

 인버터는 직류를 교류로, 컨버터는 교류를 직류로 변환한다.

10 다음 중 자동조정에 속하지 않는 제어량은?

① 주파수   ② 회전수

③ 유량   ④ 전압

 유량, 압력, 액면, 온도, 습도, 밀도, 농도 등 공업량의 상태 제어는 프로세스 제어이다.

11 광속에 대한 설명으로 옳은 것은?

① 단위시간당 복사되는 에너지

② 피조면의 단위면적당 입사되는 에너지

③ 하나의 점광원으로부터 임의의 방향을 나타낸 것

④ 가시범위의 방사속을 눈의 감도를 기준으로 측정한 것

 광속이란 어떤 광원으로부터 단위시간에 방사되는 에너지를 시감으로 측정한 것, 즉 가시범위의 방사속을 눈의 감도를 기준으로 측정한 것을 말한다.

12 형광등의 광속이 감소하는 원인이 아닌 것은?

① 형광체의 열화   ② 형광등의 부특성

③ 램프 양단의 흑화현상   ④ 전극의 소모에 의한 열전자 방출의 감소

 형광등 광속의 감소 원인
⊙ 낮은 온도에서는 수은증기가 감소되어 자외선 에너지의 방사가 적어져 형광체의 광출력이 감소된다.
ⓒ 높은 온도에서는 방사되는 파장이 길어짐에 따라 형광체를 자극하기가 어려워져 광출력이 감소된다.
ⓒ 전극의 소모에 의한 열전자 방출의 감소, 램프 양단의 흑화현상 등이 있다.

13 유도가열의 용도에 가장 적합한 것은?

① 금속의 용접　　　　　　　　② 목재의 접착

③ 금속의 열처리　　　　　　　　④ 비닐의 접착

 유도가열 … 유도자에 교류를 가하여 유도성 물체에 와류와 히스테리시스손이 발생하여 가열이 이루어지는 방식을 말하며, 금속의 표면 담금질, 고주파 납땜, 기어의 열간 간조, 비철금속의 풀림, 금속의 열처리 등의 용도에 적합하다.

14 목재의 건조, 베니어판 등의 합판에서의 접착 건조, 약품의 건조 등에 적합한 전기 건조방식은?

① 고주파 건조　　　　　　　　② 적외선 건조

③ 아크 건조　　　　　　　　　④ 자외선 건조

 유전가열은 유전체에 1[MHz] 이상의 고주파 전기장을 인가하여 유전체손에 의해 발열작용을 이용한 고주파 건조 방식으로 표면을 손상시키지 않고 내부를 균일하게 가열시킬 수 있으므로 열경화성 수지, 베니어합판, 목재 건조 가열에 사용된다.

15 전극 및 용접부가 공기로부터 차단되어 산화 방지효과가 있는 용접은?

① 탄소 아크 용접　　　　　　　② 원자 수소 용접

③ 금속 아크 용접　　　　　　　④ 불활성가스 아크 용접

 원자 수소 용접은 2개의 텅스텐봉을 양극으로 하여 이들 사이에서 일어나는 방전이 이들을 향해 불어오는 수소기류에 포위되면서 모재의 용접부를 가열하는 방식으로, 경금속이나 구리합금, 스테인리스강 등의 용접에 이용된다.

16 물을 전기분해할 때 수산화나트륨을 20% 정도 첨가하는 이유는?

① 열의 발생을 줄이기 위해

② 전극의 손상을 막기 위해

③ 물의 도전율을 높이기 위해

④ 수수와 산소가 혼합되는 것을 막기 위해

 물은 도전율이 매우 낮으므로 20% 정도의 수산화나트륨을 사용하여 도전율을 높이면 전기분해가 더 수월해진다.

Answer 9.④　10.③　11.④　12.②　13.③　14.①　15.②　16.③

17 초음파용접의 특징으로 옳지 않은 것은?

① 표면의 전처리가 간단하다.

② 가열을 필요로 하지 않는다.

③ 이종금속의 용접이 가능하다.

④ 고체상태에서의 용접이므로 열적 영향이 크다.

 초음파용접은 팁과 앤빌 사이에 용접하려고 하는 2장의 금속을 끼우고 적당한 압력을 가하여 초음파진동을 주어 접합하는 방식을 말한다. 초음파용접은 고체상태의 용접이기 때문에 열적 저항이 적고 주조조직의 변형이 없는 특징이 있다.

18 다음 중 전기로의 가열방식이 아닌 것은?

① 아크가열   ② 유도가열

③ 유전가열   ④ 저항가열

 유전가열은 전자파의 작용에 의한 가열방식이다.

19 불활성 가스용접에서 아르곤가스가 헬륨보다 널리 사용되는 이유로 옳지 않은 것은?

① 용접면의 산화 방지효과가 크다.

② 피포작용이 강하여 기류가 견고하다.

③ 가스필요량이 적으며 가격이 저렴하다.

④ 전리전압이 낮으므로 아크의 발생과 유지가 쉽다.

 아르곤가스를 사용하는 경우 가스 이온이 모재 표면에 충돌하여 산화막을 제거하는 청정작용이 발생하므로 용접면의 산화 방지효과가 크지만, 헬륨은 아르곤보다 매우 가볍기 때문에 청정작용의 효과가 적다.

20 다음 중 겹치기용접이 아닌 것은?

① 점용접   ② 심용접

③ 업셋용접   ④ 프로젝션용접

 겹치기용접에는 점용접, 심용접, 돌기용접 등이 있으며, 업셋용접은 맞대기용접에 해당한다.

21 열전온도계와 가장 관계가 깊은 것은?

① 제벡효과(Seebeck effect)

② 톰슨효과(Thomson effect)

③ 핀치효과(Pinch effect)

④ 홀효과(Hall effect)

① 제벡효과(Seebeck effect) : 두 종류의 금속을 접합하여 폐회로를 만들어 그 두 개의 접합부에 온도차를 주었을 때 열기전력을 일으켜 열전류가 흐르는 현상을 말한다.
② 톰슨효과(Thomson effect) : 동일한 금속선에 온도차가 있을 때 도선에 전류를 흘리면 열이 발생하거나 흡수가 생기는 현상을 말한다.
③ 핀치효과(Pinch effect) : 임의의 전류가 도체의 중심을 향해 흐르면 도체는 수축하여 단면이 점차 작아졌다가 수축력을 잃고 다시 원상태로 돌아가는데 이러한 현상이 반복되는 것을 말한다.
④ 홀효과(Hall effect) : 도체나 반도체에 전류를 흘려 이것과 직각으로 자계를 가했을 때 이 두 방향과 직각방향으로 전력이 발생하는 현상을 말한다.

22 전지에서 자체 방전현상이 일어나는 것으로 가장 옳은 것은?

① 불순물 혼합 　　　　　　② 이온화 경향

③ 전해액 농도 　　　　　　④ 전해액 온도

방전현상은 전해액에 불순물이 혼합되는 경우 발생한다.

23 피열물에 직접 통전하여 발생시키는 방식의 전기로는?

① 아크로 　　　　　　　　② 직접식 저항로

③ 유도로 　　　　　　　　④ 간접식 저항로

직접식 저항로는 피열물에 직접 전류를 흐르게 하여 가열하는 방식으로 흑연화로, 카보런덤로, 카바이드로, 합금철로, 제철로, 알루미늄 전해로, 특수 내화물 전해로, 인비 제조로 등이 이에 해당한다.

Answer 　17.④　18.③　19.①　20.③　21.①　22.①　23.②

24 전기철도의 곡선부에서 원심력 때문에 차체가 외측으로 넘어지려는 것을 막기 위하여 외측 레일을 약간 높여준다. 이 내외측의 레일높이의 차를 무엇이라고 하는가?

① 가이드레일　　　　　　　　　② 고도

③ 이도　　　　　　　　　　　　④ 확도

 Tip　① 가이드레일 : 열차가 주행선로를 분기할 때 이탈을 방지하기 위한 안내레일이다.
　　　③ 이도 : 전차선의 처짐현상을 말한다.
　　　④ 확도 : 궤간이 직선과 곡선이 동일하게 되어 있으면 곡선부분에서 차량이 원활하게 통과할 수 없다. 이 때문에 곡선 내측의 레일을 곡선방향으로 약간 넓게 하는 것을 말한다.

25 다음 광원 중 루미네선스에 의한 발광현상을 이용하지 않은 것은?

① 형광등　　　　　　　　　　　② 수은등

③ 백열전구　　　　　　　　　　④ 네온전구

Tip　백열전구와 같이 물체의 온도를 높여서 발광시키는 것을 온도복사라 한다.

26 등기구의 표시 중 H자로 표시가 있는 것은 어떤 등인가?

① 백열등　　　　　　　　　　　② 수은등

③ 형광등　　　　　　　　　　　④ 나트륨등

Tip　① 백열등 : L
　　　③ 형광등 : FL
　　　④ 나트륨등 : N

27 특고압 또는 고압회로의 기기의 단락보호 등으로 사용되는 것은?

① 고리 퓨즈　　　　　　　　　　② 전력 퓨즈

③ 통형 퓨즈　　　　　　　　　　④ 플러그 퓨즈

Tip　고리 퓨즈, 통형 퓨즈, 플러그 퓨즈는 저압회로에 사용되는 과전류차단기이다.

28 전기철도에서 귀선궤조에서의 누설전류를 경감하는 방법과 관련이 없는 것은?

① 보조귀선

② 크로스 본드

③ 귀선의 전압강하 감소

④ 귀선을 정(+)극성으로 조정

 전기철도에서 귀선은 항상 부(−)극성으로 하여야 한다.

29 네온전구에 대한 설명으로 옳지 않은 것은?

① 광학적 검사용에 이용된다.

② 음극 글로우를 이용하고 있어 직류의 극성 판별용에 사용된다.

③ 소비전력이 적으므로 배전반의 파일롯트램프 등에 적합하다.

④ 전극 간의 길이가 짧으므로 부글로우를 발광으로 이용한 것이다.

 네온전구는 광학적 검사용에 이용할 수 없다.

30 전동력 응용기술의 특성으로 옳지 않은 것은?

① 동력을 얻기 쉽다.

② 동력 전달기구가 간단하고 효율적이다.

③ 전동력의 집중, 분배가 쉽고 경제적이다.

④ 전원의 전압, 주파수변동에 의한 영향이 없다.

 전동기는 전원의 전압 및 주파수에 영향을 받는다.

Answer → 24.② 25.③ 26.② 27.② 28.④ 29.① 30.④

05 전력공학

1 변전소의 설치 목적으로 옳지 않은 것은?

① 경제적인 이유에서 전압을 승압 또는 강압한다.

② 발전전력은 집중 연계한다.

③ 수용가에 배분하고 정전을 최소화한다.

④ 전력의 발생과 계통의 주파수를 변환시킨다.

 변전소는 전압을 승압 또는 강압하는 곳으로 계통을 연계하고 조류를 제어한다.

2 62,000[kW] 전력을 60[kw] 떨어진 지점에서 송전할 때, 경제적 전압은 몇 [kV]인가?

① 80

② 100

③ 120

④ 140

 경제적 전압 $E = 5.5\sqrt{0.6l + \dfrac{P}{100}} = 5.5\sqrt{0.6 \times 60 + \dfrac{62,000}{100}} = $ 약 140

3 장거리 대전력 송전에서 교류 송전방식에 비해 직류 송전방식의 장점이 아닌 것은?

① 송전효율이 높다.

② 안정도의 문제가 없다.

③ 선로 절연이 더 수월하다.

④ 변압이 쉬워 고압송전이 유리하다.

 ④ 직류전압의 변성은 교류방식에 비해 어렵고 비용이 많이 든다.

4 500[kVA]의 단상변압기 3대를 3상 전력을 공급하고 있던 공장에서 변압기 1대가 고장났을 때 공급할 수 있는 전력은 몇 [kVA]인가?

① 500   ② 688

③ 866   ④ 999

 변압기 1대가 고장이 나 V결선으로 운전하면 이용률이 86.6[%]이므로,
$$P_V = (500 \times 2) \times 0.866 = 866[\text{kVA}]$$

5 배전선의 전압조정방법이 아닌 것은?

① 병렬콘덴서 사용   ② 승압기 사용

③ 유도전압조정기 사용   ④ 주상변압기 탭 전환

 병렬콘덴서는 부하와 병렬로 접속하여 역률을 개선한다.

6 가공전선로에서 전선의 단위길이당 중량과 경간이 일정할 때 전선의 장력과 이도의 관계는?

① 전선의 장력에 비례한다.   ② 전선의 장력에 반비례한다.

③ 전선 장력의 제곱에 비례한다.   ④ 전선 장력의 제곱에 반비례한다.

 전선의 이도 $D = \dfrac{WS^2}{8T}$ 이므로 장력 T에 반비례한다.

7 네트워크 배전방식의 특징이 아닌 것은?

① 사고 시 정전 범위를 축소시킬 수 있다.

② 공급의 신뢰도가 높다.

③ 부하 증가에 대한 융통성이 떨어진다.

④ 전력손실이나 전압강하가 적다.

 ③ 부하 증가에 대한 융통성이 좋다.

Answer ⟶ 1.④ 2.④ 3.④ 4.③ 5.① 6.② 7.③

8 루프(loop) 배전에 대한 설명으로 옳은 것은?

① 변화가에 적합하다.   ② 전압변동이 크다.

③ 전력손실이 크다.   ④ 시설비가 저렴하다.

 루프 배전은 전압변동과 전력손실이 작은 것이 장점이지만, 시설비가 비싸다.

9 배전선의 전압 조정 방법으로 적절하지 않은 것은?

① 승압기를 사용한다.

② 병렬콘덴서를 사용한다.

③ 유도전압조정기를 사용한다.

④ 주상변압기 TAP조절장치를 사용한다.

 ② 병렬콘덴서는 역률을 개선한다.

10 부산부하의 배전선로에서 선로의 전력손실은?

① 전압강하에 비례한다.   ② 전압강하에 반비례한다.

③ 전압강하의 제곱에 비례한다.   ④ 전압강하의 제곱에 반비례한다.

 부산부하의 배전선로에서 선로의 전력손실은 전압강하의 제곱에 비례한다.

11 공기예열기를 설치하는 효과로 볼 수 없는 것은?

① 연소율이 감소한다.

② 매연의 발생이 적어진다.

③ 보일러 효율이 높아진다.

④ 화로의 온도가 높아져 보일러의 증발량이 증가한다.

 공기예열기 … 연도 내 절탄기 뒤에 설치하고 폐기가스를 이용하여 연소용 공기를 예열하는 장치이다.
㉠ 예열공기에 의해 연료의 연소가 완전히 이루어져 연소효율이 높아진다.
㉡ 폐기가스의 열손실이 감소하고 보일러 효율을 높인다.
㉢ 화로온도가 높아지기 때문에 보일러의 열 흡수가 좋아지고 증발량이 증가한다.

12 영상변류기를 사용하는 계전기는?

① 과전류계전기 　　　　　　　② 과전압계전기

③ 지락계전기 　　　　　　　　④ 차동계전기

 영상변류기에 연결된 계전기는 지락계전기이다.

13 페란티현상이 생기는 주된 원인으로 알맞은 것은?

① 선로의 저항 　　　　　　　　② 선로의 인덕턴스

③ 선로의 정전용량 　　　　　　④ 선로의 누설컨덕턴스

 페란티현상이란 선로에 충전전류가 흘러 수전단전압이 송전단전압보다 높아지는 현상을 말하며,
주로 선로의 정전용량으로 인하여 발생한다.

14 철탑에서 전선의 오프셋을 주는 이유로 옳은 것은?

① 지락사고 방지 　　　　　　　② 전선의 진동방지

③ 상하전선의 접촉방지 　　　　④ 불평형 전압의 유도방지

 오프셋은 피빙도약으로 인한 상하전선의 단락을 방지하기 위해 전선이 수직으로 배치된 개소에
서 오프셋하게 된다.

15 전력용 퓨즈에 대한 설명으로 옳지 않은 것은?

① 차단용량이 크다. 　　　　　　② 정전용량이 크다.

③ 보수가 간단하다. 　　　　　　④ 가격이 저렴하다.

 전력용 퓨즈
㉠ 크기가 작고 가벼우며 경제적이다.
㉡ 재투입되지 않는다.
㉢ 소전류에서 동작이 함께 이루어지지 않으므로 결상되기 쉽다.
㉣ 변압기 여자전류나 전동기 기동전류 등 과도전류로서 용단되기 쉽다.

Answer → 8.① 9.② 10.③ 11.① 12.③ 13.③ 14.③ 15.②

16 원자로 내에서 발생한 열에너지를 외부로 끄집어내기 위한 열매체를 무엇이라고 하는가?

① 감속재
② 냉각재
③ 반사체
④ 제어봉

(Tip) ① 감속재 : 핵분열에 의해 생긴 고속중성자를 열중성자로 감속하기 위하여 사용하는 것
③ 반사체 : 노심 주위에 설치하여 중성자의 산란에 의해서 반사시키도록 하는 것
④ 제어봉 : 중성자의 수를 감소시켜 원자로 내에서의 핵분열 연쇄반응을 제어 또는 중성자의 배율을 변화시키는 작용을 하는 것

17 연가를 하는 주된 목적에 해당되는 것은?

① 선로정수를 평형시키기 위하여
② 단락사고를 방지하기 위하여
③ 페란티현상을 줄이기 위하여
④ 대전력을 수송하기 위하여

(Tip) 각 상에 속하는 전선 *a*, *b*, *c*가 선로 전 구간에 완전히 일순하도록 위치를 바꿔주는 것을 연가라 하며, 연가를 함으로써 선로정수를 평형시켜 유도장해를 방지할 수 있다.

18 수전단전압이 송전단전압보다 높아지는 현상을 무엇이라고 하는가?

① 동기화현상
② 옵티마현상
③ 페란티현상
④ 자기여자현상

(Tip) 페란티현상은 선로의 정전용량으로 인하여 선로에 충전전류가 흘러 수전단전압이 송전단전압보다 높아지는 현상을 말한다.

19 전압이 일정값 이하로 되었을 때 동작하는 것으로서 단락시 고장검출용으로도 사용되는 계전기는?

① OVR
② OVGR
③ NSR
④ UVR

(Tip) UVR은 부족전압계전기로서 전압이 일정값(30%) 이하로 되었을 때 동작하며 단락시 고장검출용으로도 사용된다.

20 배전선로 개폐기 중 반드시 차단기능이 있는 후비 보호장치와 직렬로 설치하여 고장구간을 분리시키는 개폐기는?

① 리클로저

② 부하개폐기

③ 섹셔널라이저

④ 컷아웃 스위치

 섹셔널라이저는 부하전류 개폐능력은 있으나, 고장전류 차단기능이 없으므로 반드시 후비 보호 장치(리클로저)와 직렬로 조합하여 사용한다.

21 복도체를 사용하면 송전용량이 증가하는 주된 이유로 알맞은 것은?

① 무효전력이 적어진다.

② 전압강하가 적어진다.

③ 코로나가 발생하지 않는다.

④ 선로의 작용 인덕턴스는 감소하고 작용 정전용량이 증가한다.

 복도체를 사용하면 같은 단면적의 단도체에 비해 인덕턴스는 20% 정도 감소하고 정전용량은 20% 정도 증가하므로 송전용량이 증가한다.

22 보일러에서 흡수열량이 가장 큰 것은?

① 공기예열기

② 과열기

③ 수냉벽

④ 절탄기

 절탄기와 공기예열기는 급수 및 연소용 공기를 예열하는 기기이고 과열기는 습증기를 과열증기로 만들어주는 기기로서 모두 열효율 향상을 위한 장치이다.

23 가공지선에 대한 설명으로 옳지 않은 것은?

① 가공지선은 강연선, ACSR 등이 사용된다.

② 차폐효과를 높이기 위하여 도전성이 좋은 전선을 사용한다.

③ 가공지선은 전선의 차폐와 진행파의 파고값을 증폭시키기 위해서이다.

④ 직격뢰에 대해서는 특히 유효하며 전선 상부에 시설하므로 뇌는 주로 가공지선에 내습한다.

 가공지선은 지지물 상부에 시설한 지선으로 이상전압 진행파의 파고값을 감소시킨다.

Answer 16.② 17.① 18.③ 19.④ 20.③ 21.④ 22.③ 23.③

24 저압 뱅킹 배전방식에서 캐스케이딩(cascading)현상이란?

① 전압 동요가 적은 현상

② 변압기의 부하 분배가 균일하지 못한 현상

③ 저압선이나 변압기에서 고장이 생기면 자동적으로 고장이 제거되는 현상

④ 전압선의 고장에 의하여 건전한 변압기의 일부 또는 전부가 차단되는 현상

 캐스케이딩현상이란 뱅킹 배전방식으로 운전 중 건전한 변압기 일부가 고장이 발생하면 부하가 다른 건전한 변압기에 걸려서 고장이 확대되는 것을 말한다.

25 송배전선로에 사용하는 직렬콘덴서에 대한 설명으로 옳은 것은?

① 최대 송전전력이 감소하고 정태안정도가 감소된다.

② 부하의 변동에 따른 수전단의 전압변동률은 증대한다.

③ 장거리선로의 유도리액턴스를 보상하고 전압강하를 감소시킨다.

④ 송·수 양단의 전달임피던스가 증가하고 안정 극한전력이 감소한다.

 직렬축전기는 송전선로와 직렬로 설치하는 전력용 콘덴서로 설치하게 되면 안정도를 증가시키고 리액턴스를 감소시킨다.

26 뇌해 방지와 관계가 없는 것은?

① 댐퍼   ② 소호각

③ 가공지선   ④ 매설지선

 댐퍼는 전선의 진동을 방지하는 금구이다.

27 배전선로의 역률개선에 따른 효과로 적합하지 않은 것은?

① 전압강하 감소   ② 선로의 전력손실 경감

③ 전원측 설비의 이용률 향상   ④ 선로절연에 요하는 비용 절감

 부하와 병렬로 전력용 콘덴서를 설치하여 역률을 개선하면 전기요금 절감, 설비 이용률 증가, 전력손실 저감, 전압강하를 감소시킬 수 있다.

28 송전선로에서 역섬락을 방지하는 가장 유효한 방법은?

① 피뢰기를 설치한다.

② 소호각을 설치한다.

③ 가공지선을 설치한다.

④ 탑각 접지저항을 작게 한다.

 송전선로 철탑에 역섬락을 방지하는 가장 유효한 방법은 탑각 접지저항을 작게 하는 것이다.

29 우리나라의 특고압 배전방식으로 가장 많이 사용되고 있는 것은?

① 단상 2선식　　　　　　　　　② 단상 3선식

③ 3상 3선식　　　　　　　　　④ 3상 4선식

 우리나라의 특고압 배전선로는 3상 4선식이, 송전선로는 3상 3선식이 가장 많이 사용되고 있다.

30 원자력발전소와 화력발전소의 특성을 비교한 것 중 옳지 않은 것은?

① 원자력발전소는 화력발전소의 보일러 대신 원자로와 열교환기를 사용한다.

② 원자력발전소의 건설비는 화력발전소에 비해 싸다.

③ 동일 출력일 경우 원자력발전소의 터빈이나 복수기가 화력발전소에 비하여 대형이다.

④ 원자력발전소는 방사능에 대한 차폐시설물의 투자가 필요하다.

 원자력발전소의 건설비는 화력발전소보다 건설단가가 비싸다.

Answer ⟶　24.④　25.③　26.①　27.④　28.④　29.④　30.②

06 회로이론

1 100[V], 50[W]의 전구에 50[V]를 가했을 때의 전류[A]는?

① 0.25 　　　　　　　　　　　　　② 0.3

③ 0.45 　　　　　　　　　　　　　④ 0.5

 $P = \dfrac{V^2}{R}$ 이므로 이 전구의 저항 $R = \dfrac{V^2}{P} = \dfrac{100^2}{50} = 200$ 이다.

따라서 전류 $I = \dfrac{V}{R} = \dfrac{50}{200} = 0.25[A]$

2 어떤 R－L－C 병렬회로가 병렬 공진되었을 때 합성전류[A]에 대한 설명으로 옳은 것은?

① 최대가 된다. 　　　　　　　　　② 최소가 된다.

③ 전류가 흐르지 않는다. 　　　　　④ 전류는 무한대가 된다.

 ② 병렬 공진회로에서 병렬 어드미턴스는 최소가 되므로 병렬 합성전류는 최소 전류가 흐르게 된다.

3 다음과 같은 회로에서 저항 15[Ω]에 흐르는 전류는 몇 [A]인가?

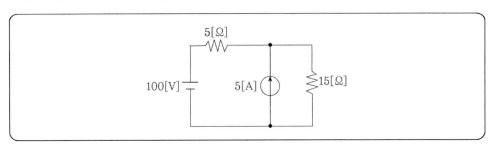

① 5.5 　　　　　　　　　　　　　② 6.25

③ 8.75 　　　　　　　　　　　　　④ 9.5

 중첩의 정리에 의하면 $I = I_1 + I_2 = \dfrac{100}{5+15} + \dfrac{5}{5+15} \times 5 = 5 + 1.25 = 6.25$

4 무손실 분포정수 선로에서 인턱턴스가 $1[\mu\mathrm{H/m}]$이고, 정전용량이 $1,600[\mathrm{pF/m}]$일 때, 특성 임피던스는 몇 $[\Omega]$인가?

① 25

② 30

③ 35

④ 40

(Tip) 특성 임피던스 $Z_0 = \sqrt{\dfrac{L}{C}} = \sqrt{\dfrac{1 \times 10^{-6}}{1,600 \times 10^{-12}}} = 25$

5 그림과 같이 표시되는 파형을 함수로 나타내면?

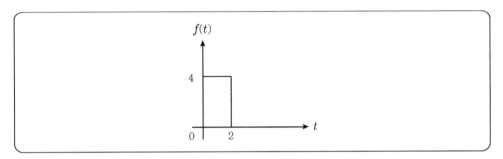

① $4u(t) - u(t-2)$

② $4u(t) - 4u(t-2)$

③ $4u(t) + 4u(t-2)$

④ $4u(t) - 4u(t+2)$

(Tip) $f(t) = 4u(t) - 4u(t-2)$

6 교류의 파고율은?

① $\dfrac{최솟값}{최댓값}$

② $\dfrac{최댓값}{실횻값}$

③ $\dfrac{실횻값}{최댓값}$

④ $\dfrac{최댓값}{평균값}$

(Tip) 교류 파형의 최댓값을 실횻값으로 나눈 값으로, 각종 파형의 날카로움의 정도를 나타내기 위한 것이다.

Answer 1.① 2.② 3.② 4.① 5.② 6.②

7 3상 불평형 전압에서 불평형률은?

① $\dfrac{정상전압}{역상전압} \times 1,000$

② $\dfrac{역상전압}{정상전압} \times 1,000$

③ $\dfrac{정상전압}{역상전압} \times 100$

④ $\dfrac{역상전압}{정상전압} \times 100$

 불평형률 $= \dfrac{역상전압}{정상전압} \times 100$

8 평형 3상 회로에서 임피던스를 Y결선에서 △결선으로 하면 소비전력은 몇 배가 되는가?

① 0.3배

② $\dfrac{1}{3}$ 배

③ 3배

④ 30배

 Y결선에서 △결선으로 하면 소비전력은 3배로 증가한다.

9 비정현파를 여러 개의 정현파의 합으로 표시하는 방법은?

① 키르히호프의 법칙

② 노튼의 정리

③ 푸리에 분석

④ 테일러의 분석

 푸리에 분석은 복잡한 주기적 파형 다수의 정현파로 분석하는 수학적 기법이다.

10 다음 그림에서 a, b단자에 300[V]를 가할 때 저항 2[Ω]에 흐르는 전류 I_1[A]는?

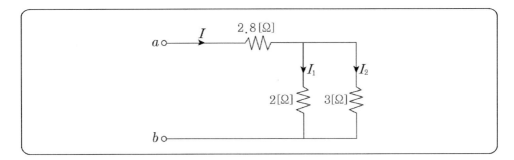

① 30[A]

② 45[A]

③ 60[A]

④ 75[A]

 $$I = \frac{V}{R_0} = \frac{300}{2.8 + \dfrac{2 \times 3}{2 + 3}} = 75[A]$$

따라서 $I_1 = \dfrac{3}{2 + 3} \times 75 = 45[A]$

11 교류회로에서 역률이란 무엇인가?

① 전압과 전류의 위상차의 여현

② 전압과 전류의 위상차의 정현

③ 임피던스와 저항의 위상차의 정현

④ 임피던스와 리액턴스의 위상차의 여현

 역률($\cos\theta = \dfrac{\text{유효전력}}{\text{피상전력}}$)은 전압과 전류의 위상차의 여현값($\cos$)이다.

12 단자전압의 각 대칭분 V_0, V_1, V_2가 0이 아니면서 서로 같게 되는 고장의 종류는?

① 1선 지락   ② 2선 지락

③ 3선 단락   ④ 선간단락

         ① 1선 지락 : $V_0 \neq V_1 \neq V_2$

         ② 2선 지락 : $V_0 = V_1 = V_2 \neq 0$

         ③ 3선 단락 : $V_0 = V_2 = 0$, $V_1 \neq 0$

         ④ 선간단락 : $V_1 = V_2$

13 대칭 3상 교류에서 각 상의 전압이 v_a, v_b, v_c일 때, 3상 전압의 합은?

① 0   ② $0.3v_a$

③ $0.5v_a$ ④ $3v_a$

$$v_a = V_m \sin wt = V(\angle 0°) = V$$

$$v_b = V_m \sin(wt - 120°) = V(\angle -120°) = V\left(-\frac{1}{2} - j\frac{\sqrt{3}}{2}\right)$$

$$v_c = V_m \sin(wt - 240°) = V(\angle -240°) = V\left(-\frac{1}{2} + j\frac{\sqrt{3}}{2}\right)$$

$$\therefore v_a + v_b + v_c = 0$$

14 비정현파에서 여현대칭의 조건은 어느 것인가?

① $f(t) = -f(t)$ ② $f(t) = f(-t)$

③ $f(t) = -f(-t)$ ④ $f(t) = -f\left(t + \frac{T}{2}\right)$

- 여현대칭($f(t) = f(-t)$) : $a_n = 0$, 즉 상수항과 cos 항만 존재한다.
- 반파대칭 및 정현대칭 : $b_n = 0$, $b_0 = 0$이고 기수차의 sin 항만 존재한다.
- 반파대칭 및 여현대칭 : $a_n = 0$, $b_0 = 0$이고 기수차의 cos 항만 존재한다.
- $f(t) = -f(-t)$: $b_n = 0$, $b_0 = 0$이고 sin 항만 존재한다.
- $f\left(t + \frac{T}{2}\right) = -f(t)$: $b_0 = 0$이고 sin, cos의 기수차 항만 존재한다.

15 임피던스 궤적이 직선일 때, 이의 역수인 어드미턴스 궤적은?

① 원점을 통과하는 직선

② 원점을 통과하는 원

③ 원점을 통과하지 않는 직선

④ 원점을 통과하지 않는 원

 임피던스 $Z = R + jwL[\Omega]$에서 R, w, L이 변할 때 임피던스 궤적은 1사분면 내에 있는 직선이지만, 이 역수인 어드미턴스의 경우 $Y = \dfrac{1}{Z} = \dfrac{1}{R + jwL}$이므로 R, w, L이 변하면 원점을 통과하는 원의 궤적이 된다.

16 저항 4Ω과 유도 리액턴스 $X_L\Omega$이 병렬로 접속된 회로에 12V의 교류전압을 가하였더니 5A의 전류가 흘렀다. 이 회로의 $X_L\Omega$은?

① 1   ② 3

③ 6   ④ 8

 4Ω에 흐르는 전류 : $I_R = \dfrac{V}{R} = \dfrac{12}{4} = 3(\mathrm{A})$

합성 전류 : $I = \sqrt{I_R^2 + I_L^2}$

코일에 흐르는 전류 : $I_L = \sqrt{I^2 - I_R^2} = \sqrt{5^2 - 3^2} = 4(\mathrm{A})$

$\therefore X_L = \dfrac{V}{I_L} = \dfrac{12}{4} = 3(\Omega)$

17 1차 지연요소의 전달함수는?

① K ② $\dfrac{K}{s}$

③ Ks ④ $\dfrac{K}{1 + Ts}$

 ① 비례요소, ② 적분요소, ③ 미분요소

Answer → 12.②   13.①   14.②   15.②   16.②   17.④

18 다음 용어 설명 중 옳지 않은 것은?

① 역률 $= \dfrac{\text{유효전력}}{\text{피상전력}}$

② 파형률 $= \dfrac{\text{평균값}}{\text{실횻값}}$

③ 파고율 $= \dfrac{\text{최댓값}}{\text{실횻값}}$

④ 왜형률 $= \dfrac{\text{전고조파의 실횻값}}{\text{기본파의 실횻값}}$

 파형률 $= \dfrac{\text{실횻값}}{\text{평균값}}$

19 다음 그림은 LC회로를 나타낸 것이다. 그림에 대한 설명으로 옳은 것은?

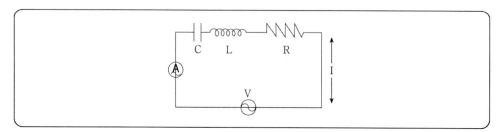

㉠ 유도 리액턴스와 용량 리액턴스가 같을 때 회로의 저항이 최대가 되어 전류가 흐르지 않는다.
㉡ 공명 진동수는 코일의 자체유도계수가 클수록, 축전기의 전기용량이 클수록 크다.
㉢ 회로에 큰 전류가 흐를 때가 공명 진동수와 전원 장치의 진동수가 같을 때이다.

① ㉠

② ㉡

③ ㉢

④ ㉡㉢

 ㉠ 유도 리액턴스와 용량 리액턴스가 같을 때 회로의 저항이 최소가 되어 전류가 잘 흐른다.
㉡ 공명 진동수는 코일의 자체유도계수와 축전기의 전기용량이 클수록 작다.
㉢ 회로에 큰 전류가 흐를 때가 공명 진동수와 전원 장치의 진동수가 같을 때이다. (공명 현상이 일어난다.)

20 $f(t) = At^2$의 라플라스 변환은?

① $\dfrac{A}{s^2}$

② $\dfrac{2A}{s^2}$

③ $\dfrac{A}{s^3}$

④ $\dfrac{2A}{s^3}$

(Tip)
$$\mathcal{L}[t^n] = \frac{n!}{s^{n+1}}$$
$$F(s) = A \times \frac{2!}{s^{2+1}} = A \times \frac{2 \times 1}{s^3} = \frac{2A}{s^3}$$

21 3상 불평형 전압에서 영상전압이 150V이고 정상전압이 500V, 역상전압이 300V이면 전압의 불평형률(%)은?

① 40

② 50

③ 60

④ 70

(Tip)
$$\text{불평형률 } \nu = \frac{\text{역상전압}}{\text{정상전압}} \times 100 = \frac{300}{500} \times 100 = 60(\%)$$

22 다음 회로에서 콘덴서 C_1 양단의 전압 [V]은?

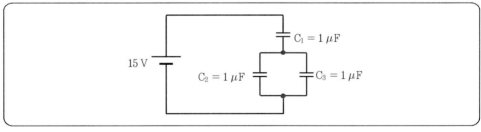

① 4

② 5

③ 10

④ 12

(Tip)
먼저 콘덴서 C_2, C_3의 합성 용량을 구하면 $1 + 1 = 2[\mu F]$

C_1 양단의 전압은 $\dfrac{2}{1+2} \times 15 = 10[V]$

Answer ➞ 18.② 19.③ 20.④ 21.③ 22.③

23 다음 회로에 표시된 테브난등가저항 [Ω]은?

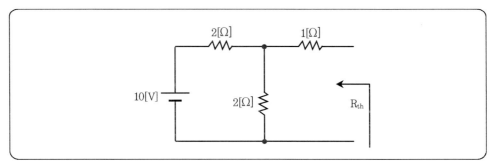

① 1
② 1.5
③ 2
④ 3

 $R_{th} = \dfrac{2 \times 2}{2 + 2} + 1 = 2[\Omega]$

24 다음 회로에서 3[Ω]에 흐르는 전류 I [A]는?

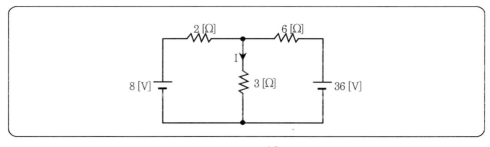

① 1
② $\dfrac{10}{3}$
③ 4
④ $\dfrac{13}{3}$

 키르히호프의 제2법칙에 의해 폐회로 두 구간의 전류를 구한다.
먼저 저항 2[Ω]에 흐르는 전류를 I_1, 6[Ω]에 흐르는 전류를 I_2라 하고 식을 세우면
전체 전류 $I = I_1 + I_2$, 폐회로 1에서의 전압 강하는 $2I_1 + 3I = 8$, 폐회로 2에서의 전압 강하는
$6I_2 + 3I = 36$이 된다.
미지수가 3개이고 식이 3개이므로 연립방정식으로 식을 풀어서 저항 3[Ω]에 흐르는 전류 I를 구
하면 $\dfrac{10}{3}[A]$가 된다.

25 다음 회로에서 전압계의 지시가 6 [V]였다면 AB사이의 전압[V]은?

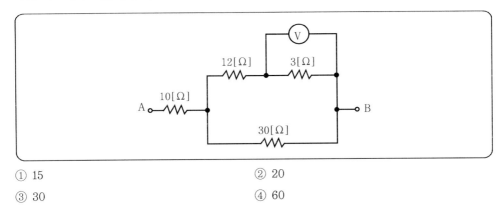

① 15

② 20

③ 30

④ 60

(Tip) 3[Ω]에 걸린 전압이 6[V]이면 12[Ω]에 걸린 전압은 24[V]가 되며, 12[Ω]과 3[Ω] 직렬 접속에 걸린 전압은 30[V]가 된다.
또한 15[Ω]과 30[Ω] 병렬 접속에서 합성 저항은 10[Ω]이 되므로 여기에 걸린 전압이 30[V]이므로 또 다른 10[Ω]에 걸린 전압도 30[V]가 되므로 결국 AB 사이의 전압은 60[V]가 된다.

26 평형 3상 교류회로의 △와 Y결선에서 전압과 전류의 관계에 대한 설명으로 옳지 않은 것은?

① △ 결선의 상전압의 위상은 Y결선의 상전압의 위상보다 30°앞선다.

② 선전류의 크기는 Y결선에서 상전류의 크기와 같으나, △ 결선에서는 상전류 크기의 $\sqrt{3}$ 배이다.

③ △ 결선의 부하임피던스의 위상은 Y결선의 부하임피던스의 위상보다 30° 앞선다.

④ △ 결선의 선전류의 위상은 Y결선의 선전류의 위상과 같다.

(Tip) △결선의 부하임피던스의 위상은 Y결선의 부하임피던스의 위상보다 30° 뒤진다.

27 부하 한 상의 임피던스가 6 + j8Ω인 3상 △ 결선회로에 100V의 전압을 인가할 때, 선전류[A]는?

① 5

② $5\sqrt{3}$

③ 10

④ $10\sqrt{3}$

(Tip) 임피던스 Z는 $Z = \sqrt{6^2 + 8^2} = 10[\Omega]$, $I = \dfrac{V}{Z} = \dfrac{100}{10} = 10[A]$

선전류 $I_l = \sqrt{3} I_p = 10\sqrt{3}$

Answer → 23.③ 24.② 25.④ 26.③ 27.④

28 다음과 같은 회로의 임피던스 함수는?

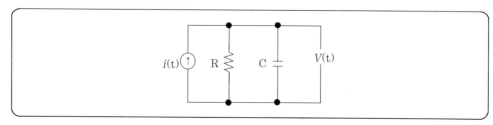

① $\dfrac{1}{\dfrac{1}{R}+C_S}$

② $\dfrac{1}{R+C_S}$

③ $\dfrac{1}{R+\dfrac{1}{C_S}}$

④ $R+\dfrac{1}{C_s}$

（Tip） $i(t)=\dfrac{1}{R}V(t)+C\dfrac{dv(t)}{dt}$ 이 식을 초기값 0인 조건하에서 라플라스 변환하면

$$I(s)=\left(\dfrac{1}{R}+C_S\right)V(s)$$

$$\therefore \ Z(a)=\dfrac{V(s)}{I(s)}=\dfrac{1}{\dfrac{1}{R}+C_S}$$

29 다음과 같은 2단자망의 구동점 임피던스는 얼마인가? （단, $s=j\omega$）

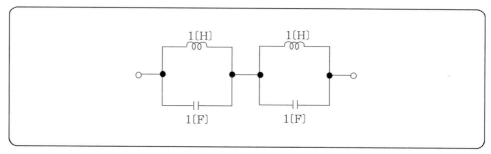

① $\dfrac{S}{S^2+1}$

② $\dfrac{1}{S^2+1}$

③ $\dfrac{2S}{S^2+1}$

④ $\dfrac{3S}{S^2+1}$

（Tip） $Z(s)=\dfrac{\dfrac{S}{S}}{S+\dfrac{1}{S}}\times 2=\dfrac{2S}{S^2+1}\ [\Omega]$

30 다음 R－L 회로에서 t = 0인 시점에 스위치(SW)를 닫았을 때에 대한 설명으로 옳은 것은?

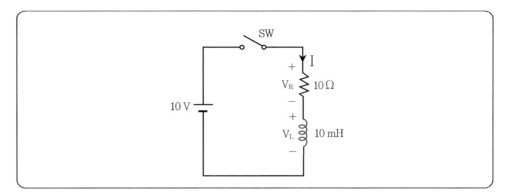

① 회로에 흐르는 초기 전류(t = 0＋)는 1 A이다.
② 회로의 시정수는 10 ms이다.
③ 최종적(t = ∞)으로 V_R 양단의 전압은 10 V이다.
④ 최초(t = 0＋)의 V_L 양단의 전압은 0 V이다.

 t=0인 시점에 스위치를 닫았을 때 회로에 흐르는 초기 전류는 0이며, 최종적으로 V_R양단의 전압은 10[V]가 된다.

전기설비 기술기준 및 판단기준

1 전선로의 종류에 속하지 않는 것은?

① 철도전선로

② 옥측전선로

③ 수상전선로

④ 터널 내 전선로

 전선로의 종류
ⓐ 가공전선로
ⓑ 옥측전선로
ⓒ 옥상전선로
ⓓ 지중전선로
ⓔ 터널 내 전선로
ⓕ 수상전선로
ⓖ 수저전선로

2 고압 및 특고압 전로의 절연내력 시험을 하는 경우, 규정된 시험전압을 전로와 대지 사이에 연속하여 가하였을 때 몇 분간 견디어야 하는가?

① 3분

② 5분

③ 7분

④ 10분

 고압 및 특고압의 전로(제12조 각 호의 부분, 회전기, 정류기, 연료전지 및 태양전지 모듈의 전로, 변압기의 전로, 기구 등의 전로 및 직류식 전기철도용 전차선을 제외한다)는 표에서 정한 시험전압을 전로와 대지 사이(다심케이블은 심선 상호 간 및 심선과 대지 사이)에 연속하여 10분간 가하여 절연내력을 시험하였을 때에 이에 견디어야 한다. 다만, 전선에 케이블을 사용하는 교류전로로서 표에서 정한 시험전압의 2배의 직류전압을 전로와 대지 사이(다심케이블은 심선 상호 간 및 심선과 대지 사이)에 연속하여 10분간 가하여 절연내력을 시험하였을 때에 이에 견디는 것에 대하여는 그러하지 아니하다.

전로의 종류	시험전압
1. 최대사용전압 7 kV 이하인 전로	최대사용전압의 1.5배의 전압
2. 최대사용전압 7 kV 초과 25 kV 이하인 중성점 접지식 전로(중성선을 가지는 것으로서 그 중성선을 다중접지 하는 것에 한한다)	최대사용전압의 0.92배의 전압
3. 최대사용전압 7 kV 초과 60 kV 이하인 전로(2란의 것을 제외한다)	최대사용전압의 1.25배의 전압(10,500 V 미만으로 되는 경우는 10,500 V)
4. 최대사용전압 60 kV 초과 중성점 비접지식전로(전위 변성기를 사용하여 접지하는 것을 포함한다)	최대사용전압의 1.25배의 전압
5. 최대사용전압 60 kV 초과 중성점 접지식 전로(전위 변성기를 사용하여 접지하는 것 및 6란과 7란의 것을 제외한다)	최대사용전압의 1.1배의 전압 (75 kV 미만으로 되는 경우에는 75 kV)
6. 최대사용전압이 60 kV 초과 중성점 직접접지식 전로(7란의 것을 제외한다)	최대사용전압의 0.72배의 전압
7. 최대사용전압이 170 kV 초과 중성점 직접 접지식 전로로서 그 중성점이 직접 접지되어 있는 발전소 또는 변전소 혹은 이에 준하는 장소에 시설하는 것	최대사용전압의 0.64배의 전압
8. 최대사용전압이 60 kV를 초과하는 정류기에 접속되고 있는 전로	교류측 및 직류 고전압측에 접속되고 있는 전로는 교류측의 최대사용전압의 1.1배의 직류전압
	직류측 중성선 또는 귀선이 되는 전로는 아래에 규정하는 계산식에 의하여 구한 값

3 특고압의 계기용변성기의 2차측 전로에는 제 몇 종 접지공사를 하여야 하는가?

① 제1종   ② 제2종

③ 제3종   ④ 특별 제3종

 계기용변성기의 2차측 전로의 접지〈제26조〉
① 고압의 계기용변성기의 2차측 전로에는 제3종 접지공사를 하여야 한다.
② 특고압 계기용변성기의 2차측 전로에는 제1종 접지공사를 하여야 한다.

Answer↪ 1.① 2.④ 3.①

4 고압용 기계기구를 시가지에 시설할 때 지표성 몇 m 이상의 높이에 시설해야 하는가?

① 4m

② 4.5m

③ 5m

④ 5.5m

 고압용 기계기구의 시설〈제36조 제1항〉 … 고압용 기계기구(이에 부속하는 고압의 전기로 충전하는 전선으로서 케이블 이외의 것을 포함한다. 이하 이 조에서 같다)는 다음 각 호의 어느 하나에 해당하는 경우와 발전소·변전소·개폐소 또는 이에 준하는 곳에 시설하는 경우 이외에는 시설하여서는 아니 된다.

1. 기계기구의 주위에 제44조 제1항·제2항 및 제4항의 규정에 준하여 울타리·담 등을 시설하는 경우
2. 기계기구(이에 부속하는 전선에 케이블 또는 고압 인하용 절연전선을 사용하는 것에 한한다)를 지표상 4.5m(시가지 외에는 4m) 이상의 높이에 시설하고 또한 사람이 쉽게 접촉할 우려가 없도록 시설하는 경우
3. 공장 등의 구내에서 기계기구의 주위에 사람이 쉽게 접촉할 우려가 없도록 적당한 울타리를 설치하는 경우
4. 옥내에 설치한 기계기구를 취급자 이외의 사람이 출입할 수 없도록 설치한 곳에 시설하는 경우
5. 기계기구를 콘크리트제의 함 또는 제3종 접지공사를 한 금속제 함에 넣고 또한 충전부분이 노출하지 아니하도록 시설하는 경우
6. 충전부분이 노출하지 아니하는 기계기구를 사람이 쉽게 접촉할 우려가 없도록 시설하는 경우
7. 충전부분이 노출하지 아니하는 기계기구를 온도상승에 의하여 또는 고장 시 그 근처의 대지와의 사이에 생기는 전위차에 의하여 사람이나 가축 또는 다른 시설물에 위험의 우려가 없도록 시설하는 경우

5 지중 전선로의 전선으로 사용되는 것은?

① 절연전선

② 다심형 전선

③ 케이블

④ 나전선

 지중 전선로는 전선에 케이블을 사용하고 또한 관로식·암거식(暗渠式) 또는 직접 매설식에 의하여 시설하여야 한다〈제136조 제1항〉.

6 다음은 '전기설비기술기준의 판단기준'의 목적이다. 빈칸에 적절한 것은?

> 이 판단기준은 전기설비기술기준에서 정하는 ___㉠___ 및 ___㉡___ 의 안전성능에 대한 구체적인 기술적 사항을 정하는 것을 목적으로 한다.

① ㉠ 옥내배선, ㉡ 옥측배선
② ㉠ 관등회로, ㉡ 지중관로
③ ㉠ 전기접속설비, ㉡ 전기유지설비
④ ㉠ 전기공급설비, ㉡ 전기사용설비

 이 판단기준은 전기설비기술기준에서 정하는 <u>전기공급설비</u> 및 <u>전기사용설비</u>의 안전성능에 대한 구체적인 기술적 사항을 정하는 것을 목적으로 한다〈제1조〉.

7 방전등용 안정기(방전등용 변압기를 포함)로부터 방전관까지의 전로는?

① 옥외배선   ② 관등회로
③ 지중관로   ④ 이격거리

 ① **옥외배선**: 옥외의 전기사용장소에서 그 전기사용장소에서의 전기사용을 목적으로 고정시켜 시설하는 전선
③ **지중관로**: 지중 전선로·지중 약전류 전선로·지중 광섬유 케이블 선로·지중에 시설하는 수관 및 가스관과 이와 유사한 것 및 이들에 부속하는 지중함 등
④ **이격거리**: 떨어져야할 물체의 표면간의 최단거리

8 '제2차 접근상태'란 가공 전선이 다른 시설물과 접근하는 경우에 그 가공 전선이 다른 시설물의 위쪽 또는 옆쪽에서 수평 거리로 몇 m 미만인 곳에 시설되는 상태를 말하는가?

① 1m   ② 2m
③ 3m   ④ 4m

 '제2차 접근상태'란 가공 전선이 다른 시설물과 접근하는 경우에 그 가공 전선이 다른 시설물의 위쪽 또는 옆쪽에서 수평 거리로 <u>3m</u> 미만인 곳에 시설되는 상태를 말한다〈제2조 제10호〉.

Answer 4.② 5.③ 6.④ 7.② 8.③

9 최대 사용전압 6[kV]의 3상 유도전동기 권선과 대지 사이의 절연내력 시험전압은?

① 6,000V
② 7,000V
③ 8,000V
④ 9,000V

 회전기 및 정류기의 절연내력(제14조)
시험전압 = 6,000 × 1.5 = 9,000[V]

10 나전선을 사용한 65[kV] 가공전선이 삭도와 제1차 접근상태에서 시설되는 경우, 전선과 삭도와의 최소 이격거리는?

① 2m
② 2.12m
③ 2.2m
④ 2.22m

 60kV를 초과하므로 2 + (1 × 0.12) = 2.12m
※ 특고압 가공전선과 삭도의 접근 또는 교차(제128조)

사용전압의 구분	이격거리
35kV 이하	2m(전선이 특고압 절연전선인 경우는 1m, 케이블인 경우는 50cm)
35kV 초과 60kV 이하	2m
60kV 초과	2m에 사용전압이 60kV를 초과하는 10kV 또는 그 단수마다 12cm을 더한 값

11 고압용 기계기구를 시설하여서는 안 되는 경우는?

① 발전소, 변전소, 개폐소 또는 이에 준하는 곳에 시설하는 경우
② 시가지 외로서 지표상 3.5m인 경우
③ 공장 등의 구내에서 기계기구의 주위에 사람이 쉽게 접촉할 우려가 없도록 적당한 울타리를 설치하는 경우
④ 옥내에 설치한 기계기구를 취급자 이외의 사람이 출입할 수 없도록 설치한 곳에 시설하는 경우

 기계기구(이에 부속하는 전선에 케이블 또는 고압 인하용 절연전선을 사용하는 것에 한한다)를 지표상 4.5m(시가지 외에는 4m) 이상의 높이에 시설하고 또한 사람이 쉽게 접촉할 우려가 없도록 시설하는 경우에는 고압용 기계기구를 시설하여서는 안 된다〈제36조 제1항 제2호〉.

12 전력보안통신용 전화설비를 시설하지 않아도 되는 경우는?

① 발전제어소와 기상대
② 동일 수계에 속한 수력발전소 상호간
③ 수력설비의 강수량 관측소와 수력발전소 간
④ 휴대용 전화설비를 갖춘 29.9kV 변전소와 기술원 주재소

 사용전압이 35kV 이하의 원격감시제어가 되지 아니하는 변전소에 준하는 곳으로서, 기기를 그 조작 등에 의하여 전기의 공급에 지장을 주지 아니하도록 시설한 경우에 전력보안 통신용 전화 설비에 갈음하는 전화설비를 가지고 있는 곳은 전력보안통신용 전화설비를 시설하지 않아도 된 다〈제153조 제1항 제1호 나목〉.

13 다음 중 지중전선로의 매설방법이 아닌 것은?

① 관로식
② 암거식
③ 인입식
④ 직접 매설식

 지중 전선로는 전선에 케이블을 사용하고 또한 관로식·암거식(暗渠式) 또는 직접 매설식에 의하 여 시설하여야 한다〈제136조 제1항〉.

14 고압 옥상전선로의 전선이 다른 시설물과 접근하거나 교차하는 경우 이들 사이의 이격거리는 몇 cm 이상이어야 하는가?

① 30
② 60
③ 90
④ 120

 고압 옥상 전선로의 전선이 다른 시설물(가공전선을 제외한다)과 접근하거나 교차하는 경우에는 고압 옥상 전선로의 전선과 이들 사이의 이격거리는 60cm 이상이어야 한다〈제98조 제2항〉.

Answer → 9.④ 10.② 11.② 12.④ 13.③ 14.②

15 전로의 중성점을 접지하는 목적에 해당되지 않는 것은?

① 대지전압의 저하

② 이상전압의 억제

③ 보호장치의 확실한 동작의 확보

④ 부하전류의 일부를 대지로 흐르게 하여 전선 절약

 전로의 보호 장치의 확실한 동작의 확보, 이상 전압의 억제 및 대지전압의 저하를 위하여 특히 필요한 경우에 전로의 중성점에 접지공사를 하여야 한다〈제27조 제1항〉.

16 가요전선관 공사에 의한 저압 옥내배선으로 옳지 않은 것은?

① 2종 금속제 가요전선관을 사용하였다.

② 전선으로 옥외용 비닐절연전선을 사용하였다.

③ 사용전압이 380V이므로 가요전선관에서 제3종 접지공사를 하였다.

④ 사용전압 440V에서 사람이 접촉할 우려가 없어 제3종 접지공사를 하였다.

 가요전선관 공사에 의한 저압 옥내배선의 전선은 절연전선(옥외용 비닐 절연전선을 제외)을 사용하여야 한다〈제186조 제1항〉.

17 154kV 가공전선로를 제1종 특고압 보안공사에 의하여 시설하는 경우 전선에 지락 또는 단락이 발생하면 몇 초 이내에 자동적으로 이것을 전로로부터 차단하는 장치를 시설하여야 하는가?

① 1초   ② 2초

③ 3초   ④ 5초

 특고압 가공전선에 지락 또는 단락이 생겼을 경우에 3초(사용전압이 100kV 이상인 경우에는 2초) 이내에 자동적으로 이것을 전로로부터 차단하는 장치를 시설하여야 한다〈제125조 제1항〉.

18 급경사지에 신설하는 전선로의 시설 중 옳지 않은 것은?

① 전선의 지지점 간 거리는 15m 이하로 한다.

② 저압과 고압 전선로를 같은 벼랑에 설치시 저압 전선로를 고압 전선로 위에 시설한다.

③ 전선에 사람이 접촉할 우려가 있는 곳에 시설하는 경우에는 적당한 방호장치를 시설한다.

④ 전선은 케이블인 경우 이외에는 벼랑에 견고하게 붙인 금속제 완금류에 절연성 및 내수성의 애자로 지지한다.

 저압 전선로와 고압 전선로를 같은 벼랑에 시설하는 경우에는 고압 전선로를 저압 전선로의 위로하고 또한 고압전선과 저압전선 사이의 이격거리는 50cm 이상이어야 한다〈제150조 제2항〉.

19 전기사용장소의 옥내배선이 다음과 같이 시공되어 있었다. 잘못 시공된 것은?

① 금속관공사로 시공하였고, 절연전선이 사용되었다.

② 라이팅 덕트의 지지점 간 거리는 2m로 되어 있었다.

③ 애자사용공사시 전선 상호간의 간격이 7cm로 되어 있었다.

④ 합성수지관공사의 관의 지지점 간의 거리가 2m로 되어 있었다.

 합성수지관공사의 관의 지지점 간의 거리는 1.5m 이하로 하고, 또한 그 지지점은 관의 끝관과 박스의 접속점 및 관 상호 간의 접속점 등에 가까운 곳에 시설하여야 한다〈제183조 제3항〉.

20 사람이 상시 통행하는 터널 안의 배선시설로 적합하지 않은 것은?

① 사용전압은 저압에 한한다.

② 전로에는 터널입구에 가까운 곳에 전용 개폐기를 시설한다.

③ 애자사용공사에 의하여 시설하고 이를 노면상 2m 이상의 높이에 시설한다.

④ 공칭단면적 $2.5mm^2$ 연동선과 동등 이상의 세기 및 굵기의 절연전선을 사용한다.

 철도·궤도 또는 자동차도 전용터널 안의 전선로는 인장강도 2.30kN 이상의 절연전선 또는 지름 2.6mm 이상의 경동선의 절연전선을 사용하고 규정에 준하는 애자사용 공사에 의하여 시설하여야 하며 또한 이를 레일면상 또는 노면상 2.5m 이상의 높이로 유지하여야 한다〈제143조 제1항〉.

Answer → 15.④ 16.② 17.② 18.② 19.④ 20.③

21 연료전지 및 태양전지 모듈은 최대 사용전압의 1.5배의 직류전압과 또는 몇 배의 교류전압을 충전부분과 대지 사이에 연속하여 10분간 가하여 절연내력시험을 하여 견디어야 하는가?

① 0.5

② 1.0

③ 1.5

④ 2.0

> (Tip) 연료전지 및 태양전지 모듈은 최대사용전압의 1.5배의 직류전압 또는 1배의 교류전압(500V 미만으로 되는 경우에는 500V)을 충전부분과 대지사이에 연속하여 10분간 가하여 절연내력을 시험하였을 때에 이에 견디는 것이어야 한다〈제15조〉.

22 제3종 접지공사의 특례에 따른 금속체와 대지 간의 전기저항값이 몇 [Ω] 이하인 경우에는 제3종 접지공사를 한 것으로 보는가?

① 100

② 200

③ 300

④ 400

> (Tip) 제3종 접지공사를 하여야 하는 금속체와 대지 사이의 전기저항 값이 100Ω 이하인 경우에는 제3종 접지공사를 한 것으로 본다〈제20조 제1항〉.

23 교통신호등 회로의 사용전압은 몇 [V] 이하이어야 하는가?

① 110V

② 220V

③ 300V

④ 500V

> (Tip) 교통신호등 회로[교통신호등의 제어장치(제어기 · 정리기 등을 말한다)로부터 교통신호등의 전구까지의 전로를 말한다]의 사용전압은 300V 이하이어야 한다〈제234조 제1항〉.

24 고압 가공전선에 케이블을 사용하는 경우의 조가용선 및 케이블의 피복에 사용하는 금속체에는 몇 종 접지공사를 하여야 하는가?

① 제1종 접지공사
② 제2종 접지공사
③ 제3종 접지공사
④ 특별 제3종 접지공사

 조가용선 및 케이블의 피복에 사용하는 금속체에는 제3종 접지공사를 하여야 한다〈제69조 제1항〉.

25 방전등용 안정기로부터 방전관까지의 전로를 무엇이라 하는가?

① 가섭선
② 관등회로
③ 지중관로
④ 가공인입선

 ① 가섭선 : 지지물에 가설되는 모든 선류를 말한다〈제2조 제13호〉.
③ 지중관로 : 지중 전선로 · 지중 약전류 전선로 · 지중 광섬유 케이블 선로 · 지중에 시설하는 수관 및 가스관과 이와 유사한 것 및 이들에 부속하는 지중함 등을 말한다〈제2조 제8호〉.
④ 가공인입선 : 가공전선로의 지지물로부터 다른 지지물을 거치지 아니하고 수용장소의 붙임점에 이르는 가공전선을 말한다〈제2조 제1호〉.

26 고압 지중케이블로서 직접 매설식에 의하여 콘크리트제 기타 견고한 관 또는 트로프에 넣지 않고 부설할 수 있는 케이블은?

① 고무외장 케이블
② 비닐외장 케이블
③ 콤바인덕트 케이블
④ 클로로프렌외장 케이블

 저압 또는 고압의 지중전선에 콤바인덕트 케이블을 사용하여 시설하는 경우에는 지중전선을 견고한 트라프 기타 방호물에 넣지 아니하여도 된다〈제136조 제4항〉.

Answer → 21.② 22.① 23.③ 24.③ 25.② 26.③

27 전기울타리의 시설에 관한 설명으로 옳지 않은 것은?

① 전선은 지름 2mm 이상의 경동선을 사용한다.

② 사람이 쉽게 출입하지 아니하는 곳에 시설한다.

③ 수목 사이의 이격거리는 30cm 이상이어야 한다.

④ 전원장치에 전기를 공급하는 전로의 사용전압은 600V 이하이어야 한다.

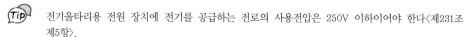 전기울타리용 전원 장치에 전기를 공급하는 전로의 사용전압은 250V 이하이어야 한다〈제231조 제5항〉.

28 다음 전선의 접속법을 열거한 것 중 옳지 않은 것은?

① 전선의 세기를 30% 이상 감소시키지 않는다.

② 접속부분은 접속관, 기타의 기구를 사용한다.

③ 접속부분을 절연전선의 절연물과 동등 이상의 절연효력이 있도록 충분히 피복한다.

④ 알루미늄도체의 전선과 동도체의 전선을 접속할 때에는 전기적 부식이 생기지 않도록 한다.

 전선의 세기를 20% 이상 감소시키지 않는다〈제11조〉.

29 가공전선로의 지지물에 하중이 가하여지는 경우에 그 하중을 받는 지지물의 기초의 안전율은 일반적인 경우 얼마 이상이어야 하는가?

① 1.2

② 1.5

③ 1.8

④ 2.0

 가공전선로의 지지물에 하중이 가하여지는 경우에 그 하중을 받는 지지물의 기초의 안전율은 2 (이상 시 상정하중이 가하여지는 경우의 그 이상 시 상정하중에 대한 철탑의 기초에 대하여는 1.33) 이상이어야 한다〈제63조〉.

30 도로에 시설하는 가공 직류 전차선로의 경간은 몇 m 이하인가?

① 30

② 60

③ 80

④ 100

 도로에 시설하는 가공 직류 전차 선로의 경간은 60m 이하로 하여야 한다〈제255조〉.

Answer ↦ 27.④ 28.① 29.④ 30.②

PART

III

전력사업 및 한전상식/한국사

01 전력사업 및 한전상식

1 다음 중 한국전력공사의 설립 목적이 아닌 것은?

① 전원개발 촉진 　　　　　　　② 친환경 개발 도모
③ 전력수급 안정화 　　　　　　④ 국민경제 발전 기여

 　한국전력공사(KEPCO)는 전원개발 촉진, 전력수급 안정화, 국민경제 발전 기여를 목적으로 '한국
　　　전력공사법'에 의해 설립된 법인이다.

2 한국전력공사 본사의 위치는?

① 경기도 용인시 기흥구 마북동 360-9
② 세종특별자치시 조치원읍 침산리 271
③ 서울특별시 영등포구 여의도동 21
④ 전라남도 나주시 빛가람동 120

 　한국전력공사의 본사는 전라남도 나주시 빛가람동 120 (전력로 55)에 위치하고 있다.

3 우리나라 배전 사업 중 변압기 대수가 처음 2,200천 대를 돌파한 해는 언제인가?

① 2015년 　　　　　　　　　　② 2017년
③ 2018년 　　　　　　　　　　④ 2019년

구분	2000년	2014년	2015년	2016년	2017년	2018년	2019년	20년 8월말
긍장 (c-Km)	351,264	457,264	465,278	474,098	483,467	493,330	504,403	527,400
지지물 (천기)	6,439	8,832	8,960	9,112	9,287	9,465	9,642	9,892
변압기 (천대)	1,308	2,086	2,127	2,158	2,203	2,260	2,325	2,369

4 태풍이나 염 또는 진해 등의 자연재해에 의한 고장발생 예방뿐만 아니라 도시미관 개선에도 유리하여 점점 확산되고 있는 배전설비는?

① 지중배전설비   ② 수중배전설비

③ 공중배전설비   ④ 무선배전설비

 지중배전설비는 전신주를 활용하여 공중에 전선을 가선하는 기존의 배전설비에 대한 수정 방안으로, 태풍, 염·진해 등 자연재해에 의한 고장발생 예방에 좋으며 도시미관 개선에도 유리하여, 크게 신도시 등 대규모 단지개발사업자의 요청에 의해 처음부터 지중으로 건설하는 지중 신규 사업과 기존의 가공배전선로를 지중으로 매설하는 지중화 사업 두 가지 형태로 점점 확대되고 있다.

5 한국전력공사가 처음으로 배전분야의 해외진출을 이룬 나라는?

① 미얀마   ② 필리핀

③ 캄보디아   ④ 리비아

 한국전력공사는 2002년 '필리핀 배전계통 개선 타당성 조사사업'을 통해 처음으로 배전분야 해외진출을 이루었다.

6 사회적 가치의 확실한 성과를 창출하기 위한 혁신과제가 아닌 것은?

① 에너지뉴딜 2.0 추진을 통한 민간일자리 창출

② 권익위 KCP 도입

③ 혁신도시 활성화 및 상생발전 선도

④ 신기술 실증형 K-테스트베드 구축

 사회적가치의 확실한 성과 창출을 위한 혁신과제
ㄱ 권익위 KCP(K-Compliance Program) 도입
ㄴ 에너지뉴딜 2.0 추진을 통한 민간일자리 창출
ㄷ 안전 최우선 경영체계 구축 및 안전문화 확산
ㄹ 혁신도시 활성화 및 상생발전 선도

Answer 1.②   2.④   3.②   4.①   5.②   6.④

7 현재 우리나라 전력 산업의 체계로 알맞은 것은?

① 전력생산 – 저장 – 수출
② 전력생산 – 변전 – 수급
③ 전력생산 – 수송 – 판매
④ 전력생산 – 발전 – 거래

 현재 우리나라의 전력 산업은 전력생산 – 수송 – 판매의 체계를 이루고 있으며, 한국전력공사는 6개의 발전회사와 민간발전회사, 구역전기사업자가 생산한 전력을 전력거래소에서 구입하여 일반 고객에게 판매하고 있다.

8 한성전기와 한국전력주식회사를 거쳐 지금의 한국전력공사로 발족한 시기는 언제인가?

① 1898년   ② 1961년
③ 1982년   ④ 1984년

 한국전력공사는 1898년 설립된 한성전기를 모태로 하여 1961년 한국전력주식회사로 발전하였으며 1982년 지금의 한국전력공사로 발족하였다.

9 다음 중 한국전력공사의 핵심가치에 해당하지 않는 것은?

① 인재제일   ② 미래지향
③ 도전혁신   ④ 사회적 가치

 한국전력공사 5대 핵심가치
㉠ 미래지향
㉡ 도전혁신
㉢ 고객존중
㉣ 사회적 가치
㉤ 신뢰소통

10 전력수급 비상단계 중 예비전력이 300만kW 미만인 경우는 어떤 단계인가?

① 관심   ② 주의
③ 경계   ④ 심각

전력수급 비상단계
     ⊙ 관심(Blue) : 예비전력 400만kW 미만→비중앙급전발전기 추가(75만kW), 변압기Tap 1차 조정(100만kW)
     ⓛ 주의(Yellow) : 예비전력 300만kW 미만→변압기Tap 2차 조정(40만kW), 직접부하제어(100만kW)
     ⓒ 경계(Orange) : 예비전력 200만kW 미만→긴급자율절전(100만kW) 시행
     ⓔ 심각(Red) : 예비전력 100만kW 미만→우선수위별 강제 부하차단

11 한국전력공사의 전기차충전사업과 관련이 없는 것은?

① KEPCO PLUG
② P2G 기반 다중 MG 운영 및 배전계통 실증 연구
③ EV충전시스템 클라우드 서비스
④ 로밍(Roaming) 중개서비스

② P2G 기반 다중 MG 운영 및 배전계통 실증 연구는 나주혁신산단에서 P2G 핵심기술(수전해, LOHC, 메탄화) 개발 및 실증운전을 하는 것이다.
① 2019년에 출시한 한국전력공사의 전기차 충전서비스 브랜드이다.
③ 전기차 충전시장 확장을 위해 전기차 충전사업자를 대상으로 전기차 충전 운영시스템 클라우드 서비스이다.
④ 충전사업자 간에 로밍(Roaming)을 중개해 주는 개방형 로밍플랫폼이다.

12 전력분야 10대 프로젝트의 일환으로 신재생 투자확대를 통한 경기활성화 및 교육복지 실현을 위해 학교를 비롯한 국·공유부지 등에서 시행하는 태양광 산업에서 원활한 업무추진을 위해 공동으로 설립한 SPC는?

① 희망빛발전   ② 한국에너지솔루션(주)
③ (주)트로닉스   ④ 켑코솔라(주)

④ 원활한 업무추진을 위해 한전을 비롯한 발전 6개사와 공동으로 SPC를 설립하였다.

Answer→ 7.③ 8.③ 9.① 10.② 11.② 12.④

13 KEPCO는 국내 전력수요 성장 둔화에 따른 한계를 극복하고, 글로벌 시장에서 새로운 성장동력을 창출하기 위하여 해외시장으로 사업영역을 넓히고 있다. KEPCO의 해외지사가 있는 국가가 아닌 곳은?

① 남미   ② 북미
③ 중국   ④ 동남아

 KEPCO의 해외지사는 중국, 북미, 중동, 일본, 동남아, 아프리카, 유럽에 있다.

14 우리나라는 지정학적으로 전력계통이 고립되어 주변국과 전력 수출입이 불가능하며, 생산은 남부 지방에, 소비는 수도권 지역에 편중되어 장거리 수송이 필수적인 특징이 있다. 이러한 조건에 적합한 송배전계통 구축 형식은?

① Multi-line 형식   ② Multi-loop 형식
③ Double-loop 형식   ④ Dual-loop 형식

 한국전력은 전국을 거미줄처럼 연결하는 다중환상망(Multi-loop) 형식의 신뢰도 높은 송배전계통을 구축하고 있다.

15 한국전력공사법상에서 정해진 임무가 아닌 것은?

① 송전과 관련한 사업에 대한 해외사업
② 배전과 관련한 사업에 대한 연구
③ 보유부동산 활용사업
④ 보유주식 활용투자

 임무〈한국전력법 제13조〉
㉠ 전력자원의 개발
㉡ 발전, 송전, 변전, 배전 및 이와 관련되는 영업
㉢ 상기 ㉠~㉡호 관련 사업에 대한 연구 및 기술개발
㉣ 상기 ㉠~㉢호 관련 사업에 대한 해외사업
㉤ 상기 ㉠~㉣호 관련 사업에 대한 투자 또는 출연
㉥ 상기 ㉠~㉤호에 부대되는 사업
㉦ 보유부동산 활용사업(2010.10.13부터 시행)
㉧ 기타 정부로부터 위탁받은 사업

16 KEPCO의 전략방향이 아닌 것은?

① 청정에너지 확대 　　　　　　　　② 판매경쟁력 제고

③ 건전한 기관 운영 및 국민신뢰 제고　④ 미래 혁신기술 확보

(Tip) KEPCO의 전략방향
　　㉠ 청정에너지 확대
　　㉡ 판매경쟁력 제고
　　㉢ 신사업 · 신시장 개척
　　㉣ 미래혁신기술 확보
　　㉤ 사회적 가치구현

17 KEPCO에서 전력수요의 중심지인 수도권 지역과 대단위 발전단지 간의 심화된 수급 불균형을 해소하고 국토이용의 효율성을 제고하기 위하여 송전전압의 격상사업에서 목표로 하는 전력량은?

① 154kV 　　　　　　　　　　② 345kV

③ 765kV 　　　　　　　　　　④ 925kV

(Tip) 765kV 격상효과
　　㉠ 대규모 전력수송이 용이(345kV의 3.4배)
　　㉡ 건설에 필요한 소요용지 최소화(345kV의 53%)
　　㉢ 전력손실 감소(345kV의 20%)
　　㉣ 국내전력분야 기술도약으로 국제경쟁력 향상
　　㉤ 고전압 대전력기술분야의 선진국 진입
　　㉥ 전력계통의 안정도 향상

18 에너지 공급자(한전, 가스공사, 지역난방공사)가 효율향상 사업을 통해서 정부가 부여한 에너지 절감 목표를 의무적으로 달성해야하는 제도를 의미하는 것은?

① K-BEMS 　　　　　　　　　② EERS

③ CMO 　　　　　　　　　　④ CCP

(Tip) ② 에너지 효율향상 의무화 제도(EERS)를 의미한다.
　　① 한전이 개발한 건물 에너지 종합관리 시스템이다.
　　③ 충전시장 운영자를 의미한다.
　　④ 전력피크요금제를 의미한다.

Answer╶→ 13.① 　14.② 　15.④ 　16.③ 　17.③ 　18.②

19 다음은 전력산업 구조를 도식화한 그림이다. ㉠에 들어갈 내용을 고르면?

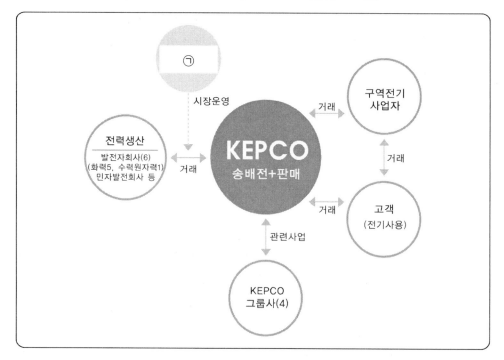

① 전력거래소　　　　　　　　　② 한국전력기술
③ 산업통상자원부　　　　　　　④ 한국거래소

 현재 국내 전력 산업의 체계는 전력생산, 수송, 판매 체계로 이뤄지고 있으며, KEPCO는 6개의 발전회사와 민간발전회사, 구역전기사업자가 생산한 전력을 전력거래소에서 구입하여 일반 고객에게 판매하고 있다.

20 KEPCO의 ESG 경영의 부문별 전략에서 '사회(S)'의 전략방향이 아닌 것은?

① 지역혁신 균형발전 촉진
② 안전하고 행복한 일터 조성
③ 환경 지속가능성 확보
④ 상생협력 동반성장 구현

 ③ 환경(E)의 전략방향이다. 에너지 부문 탈탄소화, 디지털 기반 사업혁신, 환경 지속가능성 확보가 있다.
　※ **지배구조(G)의 전략방향** : 효율적 지배구조 정착, 이해관계자 참여 확대, 투명하고 공정한 경영이 있다.

21 수요관리를 통해 전력회사가 얻을 수 있는 효과가 아닌 것은?

① 설비투자억제   ② 설비이용률 향상

③ 저탄소 녹색성장   ④ 전기요금 안정

 수요관리(DSM)
ⓐ 고객 : 전기이용효율 향상, 비용절감
ⓑ 전력회사 : 설비투자억제, 설비이용률 향상, 전기요금 안정
ⓒ 사회 : 에너지 자원절약, 저탄소 녹색성장

22 대한민국 대표 수출형 원전으로 유럽사업자요건(EUR)과 미국 원자력규제위원회(NRC)에서 설계 인증을 취득한 원전으로 신고리 3,4호기에 적용된 것은?

① OPR1000   ② APR1000

③ KSNP1400   ④ APR1400

 APR1400은 신고리 3,4호기에 적용되어 2007년 건설에 착수, 3호기는 2016년 12월에 준공, 4호기는 2019년 8월 준공되었다. 신한울 1,2호기가 2020년과 2021년, 신고리 5,6호기가 2023년과 2024년에 각각 준공예정입니다. KEPCO가 중동에서 최초로 원전을 건설하고 있는 UAE에서도 동일한 원전 모델 4기가 건설중에 있다.

23 겨울철 가정의 절전요령으로 적절하지 않은 것은?

① 전력피크시간대인 12~15시에 전기사용을 최대한 자제한다.
② 실내온도는 겨울철 건강온도 20℃를 유지한다.
③ 전기장판, 전기온풍기, 전기히터 등 전열기의 사용을 자제한다.
④ 사용시간 외 TV, 컴퓨터, 충전기 등의 플러그를 뽑는다.

 ① 겨울철 전력피크시간대는 10~12시, 17~19시이다. 참고로 여름철 전력피크시간대는 14~17시이다.

24 다음 중 화력발전에 가장 많이 사용되는 원료는?

① 석유 　　　　　　　　　　② 석탄

③ LPG 　　　　　　　　　　④ 원전원료

 화력발전에 가장 많이 사용되는 원료는 석탄이다.

25 1997년 한국전력공사는 아시아 지역 최초로 전력 기술과 경영에서 세계 최고 수준의 전력회사에 수여되는 상을 받았다. 이상은 무엇인가?

① 퓰리처상 　　　　　　　　② 무궁화 훈장

③ 에디슨 대상 　　　　　　　④ 노벨상

 에디슨 대상 … 미국전기협회에서 수여하는 전력업계 최고의 상이다. 세계 전력산업계의 노벨상이라고도 불린다. 한국전력공사는 1997년 아시아 지역 최초로 이 상을 받았다.

26 KEPCO는 전력수요의 중심지인 수도권 지역과 대단위 발전단지 간의 심화된 수급 불균형을 해소하고 국토이용의 효율성을 제고하기 위하여 765kV 송전전압 격상사업을 추진하고 있다. 765kV 격상효과로 틀린 것은?

① 대규모 전력수송이 용이

② 건설에 필요한 소요용지 최대화

③ 전력손실 감소

④ 전력계통의 안정도 향상

 ② 건설에 필요한 소요용지 최소화

※ 765kV 격상효과
　　㉠ 대규모 전력수송이 용이
　　㉡ 건설에 필요한 소요용지 최소화
　　㉢ 전력손실 감소
　　㉣ 국내전력분야 기술도약으로 국제경쟁력 향상
　　㉤ 고전압 대전력기술 분야의 선진국 진입
　　㉥ 전력계통의 안정도 향상

27 전차운행에 필요한 전력을 공급하기 위하여 우리나라 최초로 세워진 발전소는?

① 동대문발전소   ② 남대문발전소

③ 서소문발전소   ④ 남산발전소

> (Tip) 동대문발전소는 전차운행에 필요한 전력을 공급하기 위해서 설립된 우리나라 최초의 상업 발전소이다.

28 전력수급 비상단계와 그 색의 연결이 바르지 않은 것은?

① 관심 - Blue   ② 주의 - Yellow

③ 경계 - Orange   ④ 심각 - Black

> (Tip) ④ 심각 - Red

29 KEPCO의 해외 첫 원전수출국은?

① 이집트   ② UAE

③ 요르단   ④ 오만

> (Tip) 2009년 12월 27일 KEPCO는 아랍에미리트원자력공사(ENEC)와 UAE원전 건설 주계약을 체결함으로써 186억 달러 규모의 원전 프로젝트를 사상 최초로 수주하였다.

30 화석연료 중심의 발전시스템에서 온실가스 배출을 줄여 전력을 생산하기 위한 달성경로로 옳지 않은 것은?

① 전력망 디지털화   ② 신재생 발전설비 확충

③ 석탄 및 LNG 설비 감축   ④ CCUS기술 상용화

> (Tip) ① 단방향·중앙집중형 전력망을 양방향·분산형 전력망으로 바꾸기 위한 달성경로이다.
> ②③④ 화석연료 중심의 발전시스템을 신재생에너지·무탄소 가스터빈을 확대하고 CCUS을 활용하여 이산화탄소를 포집하는 것을 목표로 한다. 이를 달성하기 위해 신재생 발전설비를 확충하고 석탄 및 LNG 설비를 감축하며 수소 기반 발전원을 개발한다. 또한 CCUS 기술을 상용화한다.

Answer 24.② 25.③ 26.② 27.① 28.④ 29.② 30.①

한국사

1 다음이 설명하고 있는 시대는?

> • 빙하기가 지나고 기후가 따뜻해지면서 동식물이 번성하였다.
> • 큰 짐승 대신에 작고 빠른 짐승을 잡기 위한 활과 잔석기가 사용되었다.
> • 식물의 채취와 고기잡이가 성행하였다.

① 구석기   ② 중석기

③ 신석기   ④ 청동기

 중석기시대의 특징

ⓐ 사냥·고기잡이·자연채집에 기초를 둔 경제활동을 하였다.

ⓑ 석기를 만드는 재료와 힘을 덜 들이면서 섬세한 작업을 할 수 있는 잔석기를 많이 만들었다.

ⓒ 개를 사육하기 시작해 사냥에 이용하거나, 적의 침입을 방어할 수 있었다.

ⓓ 활·화살·창·작살 등의 사냥도구의 발명으로 무리사냥은 물론 개인사냥이 많이 행해졌다.

ⓔ 고기잡이에도 낚시와 그물을 사용해 많은 어획을 하였다.

ⓕ 기후가 온난해지면서 강·바닷가에 대량으로 나타난 어패류 등과 야생식물을 식용으로 활용하였다.

2 고조선의 세력범위는 비파형동검이 출토되는 지역과 거의 일치한다. 이를 추측으로 고조선은 어떤 문화를 기반으로 성립되었다고 볼 수 있는가?

① 구석기문화   ② 신석기문화

③ 청동기문화   ④ 철기문화

 비파형동검은 고인돌, 미송리식 토기와 함께 청동기시대를 특징짓는 유물 중 하나이다.

3 신석기시대의 사회모습으로 옳은 것은?

① 지배계급의 발생

② 사유재산의 형성

③ 농경생활의 시작

④ 정복활동의 활발

 ③ 우리나라의 신석기시대는 기원전 8,000년경부터 시작되었으며, 이때부터 농경생활이 시작되었다. 봉산 지탑리와 평양의 남경유적에서는 탄화된 좁쌀이 발견되었다.

4 구석기시대 사람들의 생활 모습을 가장 잘 나타낸 것은?

① 사냥과 채집활동을 위해 이동생활을 하였다.

② 여가시간을 이용하여 많은 장식용 조각품을 제작하였다.

③ 농경생활의 시작으로 정착생활을 하게 되었다.

④ 정치와 종교의식을 주관하는 정치적 지배자가 출현하였다.

 구석기인들은 사냥과 채집생활을 하면서 사냥의 대상이 되는 동물의 번성을 비는 주술적 의미의 조각품을 제작하였다.

5 다음 중 신석기시대의 사회에 대한 설명으로 옳은 것은?

① 우경을 이용하는 벼농사가 이루어지고 있었다.

② 계급사회가 형성되면서 군장이 등장하고 있었다.

③ 움집에 취사와 난방을 위한 화덕이 있는 걸로 보아 정착생활을 하고 있었다.

④ 부족간의 정복활동이 활발해졌으며 우세한 부족은 선민사상을 가지기 시작하였다.

 ① 청동기 시대에 벼농사가 본격화되고 철제 농구와 우경에 의한 농경이 발전하였다.
② 신석기시대는 씨족을 단위로 한 부족사회이며 권력자가 출현하지 않는 평등한 공동체사회였다.
④ 선민사상은 청동기시대에 나타나는 특징이다.

Answer ↪ 1.② 2.③ 3.③ 4.① 5.③

6 다음과 같은 유물을 사용했던 시기의 사회상으로 옳지 않은 것은?

> • 주먹도끼
> • 찍개
> • 팔매돌

① 강가나 해안가에서 막집을 짓고 살았다.
② 뗀석기 도구를 사용해 사냥을 하였다.
③ 무리생활을 시작하였으며 권력을 가진 지도자가 등장하였다.
④ 동물의 뼈, 뿔 등에 풍성한 사냥감을 비는 주술적 의미의 조각품을 남겼다.

 ③ 권력을 가진 지도자가 등장하기 시작한 것은 청동기 시대이다.

7 다음과 같은 유물을 사용했던 시기의 사회상을 바르게 말한 것은?

> 빗살무늬토기, 가락바퀴

① 제천의식을 담당하는 족장
② 뼈바늘을 이용하여 그물을 손질하는 여성
③ 고인돌을 옮기는 사람들
④ 가축을 이용하여 밭을 가는 남성

 빗살무늬토기와 가락바퀴는 신석기시대의 대표적인 유물로, 빗살무늬토기는 음식물을 조리하거나 저장하는 데 사용되었고 가락바퀴는 실을 뽑는 데 사용된 도구로 옷이나 그물을 만들었음을 알 수 있다.

8 신석기시대에 애니미즘이 생겨나게 된 요인이 된 것은?

① 사냥   ② 석기 만들기
③ 농경생활   ④ 집단생활

 선사시대의 인간은 농경생활을 하게 되면서 농사에 큰 영향을 미치는 해, 구름, 비, 천둥, 우박과 같은 자연현상이나 산이나 하천 같은 자연물에 정령이 있다는 것을 믿음으로써 재난을 피하려 하거나 풍요를 기원하는 애니미즘이 생겨나게 되었다.

9 다음 중 내용이 옳지 않은 것은?

	구분	구석기 시대	신석기 시대
①	도구 · 경제	뗀석기, 사냥 및 채집	간석기, 농경 목축
②	사회	평등사회, 이동생활, 무리생활	평등사회, 이동생활, 씨족사회
③	주거	동굴이나 강가의 막집	움집
④	유적	함북웅기 굴포리, 충남공주석장리	서울 암사동, 김해 수가리

 ② 신석기 시대에는 농경의 시작으로 정착과 촌락공동체의 형성이 이루어진 시기이다.

10 다음 글에 대한 설명으로 옳은 것은?

> 농경과 정착생활을 시작하면서 인간은 자연의 섭리를 생각하게 되었다. 그리하여 농사에 큰 영향을 끼치는 자연현상이나 자연물에도 정령이 있다는 믿음이 생겨났다.

① 태양이나 물의 숭배가 대표적이다.
② 구석기시대에 나타난 종교생활이다.
③ 곰과 호랑이를 부족의 수호신으로 섬겼다.
④ 우세한 부족이 스스로 하늘의 후손이라고 주장하였다.

 제시된 글은 애니미즘에 대한 설명으로, 자연계의 모든 사물에 생명이 있고, 따라서 영혼이 깃들어 있다고 생각하여 생겨났다. 특히 '농사에 큰 영향을 끼치는 자연현상이나 자연물'이라는 점을 주목하면 태양과 물이 농사에 필수적인 요소였다는 것을 생각할 수 있다.

Answer ➔ 6.③ 7.② 8.③ 9.② 10.①

11 다음 시기와 관련이 깊은 사실을 모두 고르면?

> 지배자와 피지배자의 분화가 촉진되어 평등사회는 계급사회로 바뀌어 갔고, 족장(군장)이라 불리는 지배자가 나타났다.

> ⊙ 빗살무늬토기의 사용　　　　　　ⓒ 농사의 시작
> ⓒ 고인돌의 제작　　　　　　　　　ⓔ 선민사상의 대두

① ⊙ⓒ　　　　　　　　　　　　② ⓒⓒ
③ ⓒⓔ　　　　　　　　　　　　④ ⓒⓔ

 제시된 내용은 생산경제가 발달하여 사유재산이 발생함에 따라 빈부의 격차가 생기고 계급이 형성되었으며 지배자가 등장한 청동기시대에 대한 설명이다. 고인돌은 강력한 지배계급의 발생을 보여 주는 것이며, 선민사상은 정치권력이나 경제력이 우세한 부족이 스스로 하늘의 후손이라고 주장한 것으로 군장세력이 성장하는 과정에서 나타났다.
⊙ⓒ 신석기시대에 해당하는 사실이다.

12 다음 중 청동기의 보급으로 일어난 변화로 옳지 않은 것은?

① 청동제 농기구를 제작하였다.　　　② 사유재산제도가 생겨났다.
③ 무덤의 양식이 변화하였다.　　　　④ 정복활동이 활발해졌다.

 ① 청동기시대의 농기구는 돌도끼, 홈자귀, 괭이, 반달돌칼 등의 석기가 중심이 되었다.

13 다음 중 청동기시대의 경제활동에 대한 설명으로 옳지 않은 것은?

① 한반도에서는 처음으로 저습지에서 벼농사가 이루어졌다.
② 다양한 간석기의 사용으로 생산경제가 발달하게 되었다.
③ 농업은 조, 콩, 수수 등을 경작하는 밭농사가 중심을 이루었다.
④ 명도전, 반량전과 같은 교환수단이 사용되었다.

 ④ 명도전, 반량전, 오수전을 사용한 것은 철기시대부터였으며, 이는 중국과의 교역을 말해주는 유물이다.

14 청동기와 철기시대에 계급이 발생하게 된 이유로 가장 옳은 것은?

① 많은 가옥이 밀집되어 취락형태를 이루게 되었다.

② 농경도구의 발전으로 농업생산력이 증대하였다.

③ 비파형 동검이 세형 동검으로 발전하였다.

④ 선민사상이 생겨나게 되었다.

 농사기구가 발달함에 따라 농업생산력이 증가하여 잉여생산물의 축적과 재산의 개인적 소유가 생겨났으며 이를 통해 빈부의 격차와 계급의 분화가 이루어졌다.

15 다음에서 설명하는 시대의 특징이 아닌 것은?

> • 사유재산제도와 계급이 나타나게 되었다.
> • 일부 저습지에서는 벼농사가 이루어졌다.
> • 금속제 무기를 사용하여 활발한 정복활동을 하였다.
> • 미송리식 토기와 민무늬토기가 고인돌에서 발견되었다.

① 비파형 동검을 사용하던 시대이다.

② 반달돌칼, 바퀴날도끼 등의 농기구가 사용되었다.

③ 군장세력이 출현하여 국가전체를 지배하였다.

④ 촌락이 배산임수의 지형에 위치하고 있었다.

 ③ 군장세력은 청동기문화의 발전과 함께 등장하였으나 국가 전체를 지배하게 된 것은 고대국가 단계에서이다.

Answer → 11.④ 12.① 13.④ 14.② 15.③

16 다음과 같은 사회현상을 바탕으로 일어난 역사적 사실은 무엇인가?

> 이 시기에는 크고 작은 고인돌들이 많이 만들어졌다. 무게가 수십 톤 이상인 덮개돌을 채석하여 운반하고 무덤을 설치하기까지는 많은 인력이 필요하였다. 따라서 이같은 무덤을 만들 수 있는 강력한 세력이 나타났음을 알 수 있다.

① 제정분리의 심화   ② 선민사상의 대두

③ 보편종교의 탄생   ④ 사유재산제도의 형성

 청동기시대에는 거대한 고인돌 무덤을 만들 수 있을 정도로 상당한 정치권력과 경제력을 갖춘 지배자가 나타났다. 이는 사유재산제도와 계급이 발생하면서 나타났으며, 부족 내에서 족장세력이 성장하여 세력이 약한 다른 부족을 통합하면서 국가가 성립되기 시작하였다. 정치·경제적 영향력이 강한 부족에서는 이를 미루어 스스로 하늘의 자손이라 칭하는 선민사상이 나타나게 되었다.

17 다음 중 철기의 보급으로 나타난 변화로 옳은 것은?

① 철제 농기구의 사용으로 농업생산이 활발하였다.

② 가축은 사육하지 않았으며, 육류는 주로 사냥을 통해 획득하게 되었다.

③ 철제 도구의 사용으로 석기는 사라지게 되었다.

④ 청동기는 주로 무기와 농기구로 사용되었다.

 ① 철기시대에는 보습, 쟁기, 낫 등의 철제 농기구를 사용함으로써 농업생산력이 증대하게 되었다.
② 사냥이나 고기잡이도 여전히 하고 있었지만, 농경의 발달로 점차 그 비중이 줄어들고 돼지, 소, 말 등 가축의 사육은 이전보다 늘어났다.
③ 간석기가 매우 다양해지고 기능도 개선되어 농경을 더욱 발전시켰다.
④ 청동기는 의식용 도구로 변하였다.

18 우리 민족의 역사적 철기문화의 발달과정을 바르게 설명한 것을 모두 고르면?

> ㉠ 부여, 고구려는 철기문화를 바탕으로 성립하였다.
> ㉡ 외부의 영향 없이 한반도에서 독자적으로 발달하였다.
> ㉢ 위만 조선의 성립 이후 철기문화가 한반도 전역으로 확산되었다.
> ㉣ 고조선은 철기문화를 배경으로 성립하였음을 고고학 발굴을 통해 알 수 있다.

① ㉠㉡
② ㉠㉢
③ ㉡㉣
④ ㉢㉣

 철기는 중국에서 전래되었고, 고조선은 청동기문화를 배경으로 성립하였다.

19 신라 중대에 나타난 역사적 사실이 아닌 것은?

① 왕권의 전제화
② 집사부 시중의 권한 강화
③ 녹읍의 폐지와 관료전 지급
④ 6두품 세력의 반신라적 태도

 ④ 6두품 세력이 반신라적 태도를 보인 것은 신라 하대의 일이며, 신라 중대의 6두품 세력은 전제왕권을 뒷받침하고 학문·종교 분야에서 활약하였다.

20 광개토대왕비의 비문을 통하여 알 수 있는 역사적 사실로 옳은 것은?

① 고구려가 신라와 가야에 침입한 왜구를 몰아내었다.
② 고구려가 수의 침입을 격퇴하였다.
③ 고구려가 일본에 여러 문물을 전해 주었다.
④ 고구려가 남한강까지 진출하였다.

 광개토대왕비는 만주 집안현 통구에 있는 광개토왕의 비석으로 장수왕이 414년에 세운 것이다. 비문에는 고구려의 건국 내력, 고구려·신라·가야 3국이 연합하여 왜군과 싸운 일, 왕의 일생사업이 기록되어 있다. 우리나라 최대의 비석이며, 일본이 비문을 날조하여 임나일본부설의 근거로 삼고 있는 것이기도 하다.

Answer 16.② 17.① 18.② 19.④ 20.①

21 다음 중 발해의 5경이 아닌 것은?

① 상경 　　　　　　　　　② 중경
③ 동경 　　　　　　　　　④ 북경

 발해의 선왕(818~830)은 광대한 영토를 효율적으로 통치하기 위하여 지방행정구역을 5경(京)·15부(府)·62주(州)로 편제하였다. 그 중 5경은 상경(용천부)·중경(현덕부)·동경(용원부)·남경(남해부)·서경(압록부)으로 이루어져 있었다.

22 가야에 대한 다음 설명 중 옳은 것을 모두 고르면?

> ㉠ 가야왕 하지가 중국 남제에 사신을 보낸 적이 있다.
> ㉡ 한 군현, 왜와의 중계무역을 통해 많은 이득을 얻었다.
> ㉢ 진한이 6가야연맹으로 발전하였다.
> ㉣ 철기문화와 벼농사가 발달한 부족연맹국가였다.

① ㉠㉣ 　　　　　　　　　② ㉠㉡㉣
③ ㉢㉣ 　　　　　　　　　④ ㉡㉢㉣

 3세기 중엽 변한 12국이 금관가야를 주축으로 6가야연맹으로 발전하였다.

23 삼국의 성립에 대한 설명으로 옳은 것은?

① 초기의 고구려는 졸본성에서 주변 소국을 통합하고, 국내성으로 도읍을 옮기며 성장하였다.
② 초기의 백제는 지배층인 한강 유역의 토착민과 피지배층인 고구려 계통의 북방 유이민의 결합으로 성립되었다.
③ 초기의 신라는 박·석·김의 세 집단의 합의를 통해 왕을 추대하고, 주요 집단들의 독자적 세력을 억압하면서 발전하였다.
④ 초기의 가야는 낙동강 하류 변한지역에서 청동기문화를 토대로 농업생산력이 증대되어 등장한 정치집단들에 의해 성립되었다.

 ② 백제는 우수한 철기문화를 보유한 고구려 계통의 북방 유이민이 지배층을 형성하였다.
　　　③ 신라는 박·석·김의 세 집단이 번갈아 왕위를 차지하였다. 주요 집단들의 독자적인 세력 기반을 유지하면서 유력 집단의 우두머리가 왕(이사금)으로 추대되었다.
　　　④ 가야는 낙동강 하류 변한지역에서 철기문화를 토대로 농업생산력이 증대되어 등장한 정치집단들에 의해 성립되었다.

24 중앙집권국가의 특징에 해당하는 것을 모두 고르면?

> ㉠ 영토확장을 위한 정복사업   ㉡ 왕위의 부자세습
> ㉢ 권력의 집권화   ㉣ 관료제와 유연한 신분제도
> ㉤ 율령반포와 불교수용

① ㉠㉡㉢   ② ㉠㉡㉢㉤
③ ㉠㉡㉣㉤   ④ ㉠㉡㉢㉣㉤

 중앙집권국가의 특징
㉠ 영토확장을 위한 정복사업
㉡ 왕위의 부자세습
㉢ 권력의 중앙집권화
㉣ 관료제와 엄격한 신분제도
㉤ 율령반포
㉥ 불교수용

25 다음 중 통일 이후 신라 농민에 대한 설명으로 옳은 것은?

> ㉠ 촌에 거주하면서 중앙에서 파견된 촌주의 행정적 지배를 받았다.
> ㉡ 귀족들이 고리로 빌려 준 곡물을 갚지 못하면 노비로 전락하였다.
> ㉢ 국가로부터 정전을 지급받아 경작하면서 국가에 조를 바쳤다.
> ㉣ 향, 부곡 등에 거주하는 농민들은 노동력 징발에서 제외되었다.

① ㉠㉡   ② ㉠㉣
③ ㉡㉢   ④ ㉢㉣

 신라 농민은 촌에 거주하면서 토착세력인 촌주가 군이나 현의 지방관의 통제를 받으면서 다스렸다. 또한 성덕왕 때 16 ~ 60세의 정남은 정전을 지급받아 경작하여 국가에 조를 바쳤다.

Answer ↪ 21.④   22.②   23.①   24.②   25.③

26 다음의 '이것'에 해당하는 것에 대한 설명으로 옳은 것은?

> 통일 후 신라의 귀족들은 '이것'을 소유하고, 그 곳에 사는 백성들에게서 조세와 공물을 징수하며 노동력까지 징발하였다.

> ㉠ 서원경 부근에 관한 민정문서는 '이것'의 실상을 알려주는 좋은 자료이다.
> ㉡ 신라 하대에는 진골귀족들의 경제적·군사적 기반이 되었다.
> ㉢ 신문왕은 한 때 귀족세력을 억누르기 위하여 '이것'을 폐지하기도 하였다.
> ㉣ 왕이 귀족에게 하사한 것이나, 왕토사상에 의해 왕이 마음대로 처분할 수 있었다.

① ㉠㉡ ② ㉠㉢
③ ㉡㉢ ④ ㉢㉣

 녹읍에 대한 설명으로 신라의 귀족들은 본래 소유하였던 토지 외에도 녹읍을 통해 사적으로 지배하는 토지를 증가시켰다. 또한 그 토지에 딸린 노동력과 공물을 수취할 수 있었고, 이것들은 귀족들의 경제적 혹은 군사적 기반이 되었다.
㉠ 민정문서는 당시 촌락의 경제상황과 국가의 세무행정을 보여주는 자료지만, 녹읍의 실상을 알려주는 자료는 아니다.
㉣ 모든 영토는 왕의 소유라는 왕토사상이 있었으나, 실제로는 개인의 사유지가 존재하였고, 개인의 사유지를 왕이라고 하여 마음대로 처분할 수는 없었다.

27 다음 중 통일신라의 토지제도 변천과정에 대한 설명으로 옳지 않은 것은?

① 신문왕은 왕권강화를 위해 관료전을 지급하고 녹읍제를 폐지하였다.
② 성덕왕은 농민의 토지가 점탈되는 것을 막고 국가의 수취기반을 확보하기 위해 백성들에게 정전을 지급하고 국가에 조를 바치게 하였다.
③ 경덕왕 시기에는 귀족들의 반발로 관료전의 녹봉을 차등적으로 지급하게 되었다.
④ 녹읍이 부활과 사원 면세전의 계속적인 증가로 귀족중심의 체제가 심화되자 국가재정이 위태롭게 되었다.

③ 경덕왕 때에는 귀족의 반발로 관료전이 폐지되고 다시 녹읍제가 부활되었다.

28 다음에서 발해의 경제생활에 대한 설명으로 옳은 것은?

> ㉠ 밭농사보다 벼농사를 주로 하였다.
> ㉡ 제철업이 발달하여 금속가공업이 성행하였다.
> ㉢ 어업이 발달하여 먼 바다에 나가 고래를 잡기도 하였다.
> ㉣ 가축의 사육과 함께 모피, 녹용, 사향 등이 생산되었다.

① ㉠㉡
② ㉠㉡㉢
③ ㉠㉡㉣
④ ㉡㉢㉣

 발해는 일부 논농사도 하였으나 기후조건의 한계로 주로 밭농사를 하였고 목축과 수렵, 어업, 금속가공업, 직물업, 도자기업 등 다양한 분야가 발달하였다.

29 다음 중 삼국의 국제무역에 대한 설명으로 옳지 않은 것은?

① 삼국의 국제무역은 낙랑군이 소멸된 4세기 이후 발달하였다.
② 백제는 남중국, 일본과 교류하였다.
③ 고구려는 남·북중국, 북방민족과 교류하였다.
④ 신라는 삼국을 통일한 이후부터 중국과 자유로운 무역을 할 수 있었다.

 ④ 신라는 한강 하류 진출 이전에는 고구려, 백제와 교류하였으나 한강 하류 진출 이후부터 중국과 직접교역을 하여 자유로운 무역이 가능해졌다.

30 다음 중 발해의 대외무역활동으로 옳지 않은 것은?

① 대당 무역은 조공무역이 위주였으나 민간무역도 존재하였다.
② 당과의 무역이 주를 이루었다.
③ 수입품은 불상, 유리잔, 자기, 직물, 책 등 공예품이었다.
④ 수출품은 주로 모피, 삼, 금, 말, 은 등의 토산품이었다.

 ③ 발해의 대당 무역에서 수출품은 불상, 자기, 유리잔과 같은 수공업품과 모피, 삼, 말, 금, 은과 같은 토산품이었으며 수입품은 비단, 책 등이었다.

Answer → 26.③ 27.③ 28.④ 29.④ 30.③

31 다음 중 삼국통일 후 신라 농민에 대한 설명으로 옳은 것은?

> ㉠ 촌에 거주하면서 중앙에서 파견된 촌주의 행정적 지배를 받았다.
> ㉡ 귀족들이 고리로 빌려 준 곡물을 갚지 못하면 노비로 전락하였다.
> ㉢ 국가로부터 정전을 지급받아 경작하면서 국가에 조를 바쳤다.
> ㉣ 향, 부곡 등에 거주하는 농민들은 노동력 징발에서 제외되었다.

① ㉠㉡   ② ㉠㉣

③ ㉡㉢   ④ ㉢㉣

 신라 농민은 토착세력인 촌주의 지배를 받았으며 정전을 지급받아 경작하여 국가에 조를 바쳤다.

32 다음과 같은 기록이 남겨져 있는 사회의 모습에 대한 설명으로 옳은 것은?

> 이 고을의 사해점촌을 조사해 보았는데, 지형은 산과 평지로 이루어져 있으며 마을의 크기는 5,725보, 공연의 수는 합하여 11호가 된다. 3년간에 다른 마을에서 이사온 사람은 둘인데 추자가 1명, 소자가 1명이 있다.

① 골품제도로 능력보다 신분이 중시되었다.
② 호구조사는 20년마다 이루어졌다.
③ 장례는 유교전통에 따라 치루어졌다.
④ 자연재해시 왕이 교체되기도 하였다.

 제시된 내용은 통일신라시대의 민정문서로 촌주가 3년마다 작성했고, 장례는 불교전통에 따랐으며, 골품제도로 능력보다 신분이 중시되었다.

33 다음에서 신라말기의 사회모습을 바르게 설명한 것으로 골라 묶으면?

> ㉠ 지방행정력이 약해지자 많은 농민들이 조세를 부담하지 않았다.
> ㉡ 귀족들의 정권 다툼과 대토지 소유 확대로 백성들의 생활이 곤궁해졌다.
> ㉢ 지방의 토착세력과 사원들은 대토지를 소유하면서 유력한 세력으로 성장해 갔다.
> ㉣ 지방의 자영농들은 중앙정부의 통제력이 약해진 틈을 타서 토지 소유를 확대하였다.

① ㉠㉡ ② ㉡㉢
③ ㉡㉣ ④ ㉢㉣

 ㉠ 중앙정부의 통치력 약화로 대토지 소유자들은 세금을 부담하지 않는 대신 농민들이 더 많은 조세를 감당하게 되었다.
㉣ 지방의 자영농들은 귀족들의 농장이 확대되면서 몰락해갔다.

34 다음 중 삼국시대의 신분에 대한 내용으로 옳지 않은 것은?

① 고구려인 A는 빚을 갚지 못해 노비로 전락하게 되었다.
② 고구려인 B는 3월에 빌린 곡식을 추수기인 10월에 갚을 생각이다.
③ 백제인 C는 도둑질을 하여 귀양을 가게 되었다.
④ 신라인 D은 6두품 아찬으로 자색 공복을 입는다.

신라는 골품에 따라 가옥의 규모, 장식물, 복색, 수레 등에 제한을 두었다.
④ 관등명 아찬은 6두품으로 비색 복색을 입었다.

35 다음에서 발해 사회의 모습을 바르게 설명한 것으로만 골라 묶으면?

> ㉠ 말갈인은 지배층에 편입되지 않았다.
> ㉡ 지배층은 주로 고구려계 사람들로 구성되어 있었다.
> ㉢ 주민 구성의 대다수를 차지한 것은 말갈인이었다.
> ㉣ 하층사회에서는 고구려 사회의 전통적인 생활모습이 보존되지 못했다.

① ㉠㉡　　　　　　　　　　　② ㉠㉢

③ ㉡㉢　　　　　　　　　　　④ ㉢㉣

 ㉠ 말갈인은 고구려 전성기 때부터 고구려에 편입된 종족으로 발해 건국 후 일부는 지배층이 되
거나 자신이 거주하는 촌락의 우두머리가 되어 국가 행정을 보조하였다.
㉣ 하층사회에서는 고구려나 말갈 사회의 전통적인 생활모습을 오랫동안 유지하고 있었다.

36 다음에서 설명하는 신라의 제도는?

> • 씨족사회의 전통을 발전시켰다.
> • 사회적 대립과 갈등을 조절하였다.
> • 민간문화의 수준을 한층 높였다.
> • 계급간의 대립과 갈등을 완화하였다.

① 화랑도　　　　　　　　　　② 골품제

③ 화백제　　　　　　　　　　④ 집사부

 화랑도 … 원시사회의 청소년 집단에서 유래하였다. 귀족의 자제 중에서 선발된 화랑을 지도자로
삼고 귀족은 물론 평민까지 많은 낭도들이 따랐다. 여러 계층이 같은 조직에서 일체감을 갖고
활동함으로써 계층 간의 대립과 갈등을 조절하고 완화시켰다.

37 다음 중 삼국의 문화에 대한 설명으로 옳지 않은 것은?

① 불교와 한자를 바탕으로 하였다.

② 민족문화의 첫 출발이란 점에서 역사적 의의를 갖는다.

③ 강력한 왕권과 귀족층을 중심으로 한 귀족적 문화이다.

④ 삼국은 지리적·역사적 환경을 달리하나 그 문화의 표현은 모두 동일한 성격을 지닌다.

 ④ 민족문화의 첫 출발인 삼국의 예술은 그 지리적·역사적 환경에 따라 약간의 상이한 성격을 가졌다. 고구려의 웅장미와 문화 중개성, 백제의 온화미와 일본 문화 전파성, 신라의 후진성 등이 그것이라 할 수 있다.

38 다음 중 고구려 문화의 영향을 받은 나라를 모두 고르면?

㉠ 백제	㉡ 신라
㉢ 발해	㉣ 일본

① ㉠

② ㉠㉡

③ ㉠㉡㉢

④ ㉠㉡㉢㉣

 고구려 문화의 영향을 받은 나라
㉠ 백제의 고분벽화는 고구려의 영향을 받았다.
㉡ 신라의 미술은 초기에 고구려의 영향을 많이 받았다.
㉢ 발해의 미술은 고구려 미술이 계승되어 어느 정도 부드러워지면서도 웅장하고 건실한 기풍을 나타낸다.
㉣ 일본 쇼토쿠 태자의 스승은 고구려의 승려 혜자였다. 혜관은 삼론종을 전파했으며, 도현은 「일본세기」를 저술하였다. 또 담징은 유교의 5경과 그림을 가르쳤고 종이와 먹의 제조방법까지 전해주었으며, 호류사의 금당벽화를 그렸다.

Answer 35.③ 36.① 37.④ 38.④

39 삼국시대의 불교에 대한 설명 중 중앙집권화와 관련이 깊은 내용은?

> 삼국에 수용된 불교에 따라 형성된 하나의 불법에 귀의하는 같은 신도라는 신념은, 국왕을 받드는 길은 신민이라는 생각을 가지게 해 중앙집권화에 큰 역할을 하였다.

> ㉠ 부족과 부족을 통합할 수 있는 이념을 제시하였다.
> ㉡ 세속 5계를 정하여 이를 청년들에게 가르쳤다.
> ㉢ 도교에 대항하기 위하여 열반종을 개창하였다.
> ㉣ 교종의 전통과 권위를 부정하는 선종이 유행하였다.

① ㉠㉡
② ㉠㉢
③ ㉠㉣
④ ㉡㉢

 중앙집권체제의 확립과 지방세력의 통제에 힘쓰던 4세기에 불교는 새로운 국가정신의 확립에 기여하고 강화된 왕권을 뒷받침해 주는 역할을 하였다. 왕권이 강화되면서 부족장 세력이 통합되었고, 세속 5계는 원광법사가 화랑에게 가르친 계율로서 불교와 유교의 내용이 가미된 당시 신라의 시대정신이었다고 볼 수 있다.

40 다음은 의상대사가 지은 「화랑일승법계도」의 일부이다. 이를 통해 의상의 화엄사상이 신라 사회에 미친 영향은 무엇인가?

> 하나 안에 일체가 있고, 다양한 현상 안에 하나가 있으며, 하나는 곧 일체요, 다양한 현상이 곧 하나이다. 한 작은 티끌 속에 우주만물을 머금고, 일체의 티끌 속에 또한 이와 같다.

① 불교의 대중화
② 전제왕권의 강화
③ 호족세력의 성장
④ 선종의 유행

 하나 속에 우주의 만물을 아우르려는 화엄사상은 전제왕권을 옹호하는 체계를 지닌다.

41 고대 삼국의 교육기관에 대한 설명으로 옳지 않은 것은?

① 고구려는 수도에는 태학을 지방에는 경당을 설립하였다.
② 백제에는 5경박사, 역박사, 의박사 등이 존재했던 걸로 보아 교육기관도 존재했음을 추측할 수 있다.
③ 신라에서는 청년들이 유교경전을 공부하였다.
④ 통일신라는 주자감이라는 교육기관을 통해 유학을 보급하였다.

 ④ 주자감은 왕족과 귀족을 대상으로 하는 발해의 교육기관이다.

42 다음 중 통일신라의 문화에 대한 내용으로 옳은 것은?

① 원효는 불교 이해의 기준을 확립하였다.
② 최치원은 「화랑세기」 등을 통해 독자적 작품경향을 나타내었다.
③ 풍수지리사상의 유행으로 신라 정부의 권위는 강화되었다.
④ 도교와 노장사상의 유행으로 귀족들은 더욱 향락적인 생활을 하였다.

 ① 원효는 「금강삼매경론」, 「대승기신론소」, 「십문화쟁론」 등의 저서를 통해 불교의 사상적 이해 기준을 확립하였다.
② 「화랑세기」의 저자는 김대문이고, 최치원의 작품으로는 「계원필경」, 「낭혜화상비」가 대표적이다.
③ 풍수지리사상의 유행으로 신라 정부의 권위는 약화되었다.
④ 도교와 노장사상은 신라말기에 불교의 퇴폐적인 풍조에 반항하는 은둔적 사상이었다.

43 다음 정책들을 추진한 고려시대 광종의 의도로 알맞은 것은?

• 노비안검법	• 과거제도	• 공복제정

① 왕권 강화   ② 북방 개척
③ 민생 안정   ④ 인재 육성

 ① 제시된 정책들은 광종 때 왕권 강화를 이룩하고 국가기틀을 마련하기 위해 실시되었다.

Answer ➡ 39.① 40.② 41.④ 42.① 43.①

44 다음은 고려의 대외관계와 관련된 사건들이다. 시대 순으로 바르게 배열한 것은?

> ㉠ 몽고와의 전쟁 ㉡ 홍건적과 왜구의 침입
> ㉢ 금의 사대요구 압력 ㉣ 거란의 침입과 귀주대첩

① ㉠→㉡→㉢→㉣　　　　② ㉢→㉣→㉠→㉡
③ ㉣→㉢→㉠→㉡　　　　④ ㉣→㉢→㉡→㉠

 거란의 침입과 귀주대첩(11세기) → 금의 사대요구 압력(12세기) → 몽고과의 전쟁(13세기) → 홍건적과 왜구의 침입(14세기)

45 다음 중 고려의 대간제도에 대한 설명으로 옳은 것은?

① 왕권 보좌의 역할만을 담당하였다.
② 서경과 간쟁의 권한을 행사하였다.
③ 재신과 추밀들로 구성되었다.
④ 법제 · 격식문제를 협의하였다.

 ① 왕권의 보좌뿐 아니라 견제의 역할까지 담당하였다.
③ 도병마사와 관련있다.
④ 식목도감에서 담당하였다.

46 다음 중 고려초기의 기인제도에 대한 설명으로 옳지 않은 것은?

① 신라말의 상수리제도에 그 기원을 둔 것이라 할 수 있다.
② 기인은 조선시대에 와서도 그 용어 자체가 남아 고려시대와 같은 임무를 맡았다.
③ 고려초 지방향리세력의 통제를 위하여 실시한 것이다.
④ 향리의 자제를 인질로 삼아 수도에 머물게 하고 그 지방에 대한 고문으로 세운 자를 기인이라 한다.

 기인제도는 지방호족을 견제하기 위해서 그들의 자제를 수도에 오게 하여 왕실 시위를 맡게 한 제도였는데, 초기에는 볼모적인 성격이 강하였지만 이 기회를 이용해 교육을 받고 과거를 거쳐 중앙관리로 편입되기도 했다.

47 태조 왕건이 실시한 정책들이다. 이러한 정책 추진의 목적은?

> • 전국의 20여 호족과 혼인관계를 맺었다.
> • 유력 호족에게 왕씨 성을 하사하였다.
> •「정계」,「계백료서」를 지어 신하의 규범을 밝혔다.
> • 사심관제도를 두어 향리를 규찰하게 하였다.

① 군현제도를 실시하여 중앙집권체제를 확립한다.
② 신흥사대부를 등용하여 왕권을 강화한다.
③ 무인세력을 등용하여 북진정책의 세력으로 삼는다.
④ 호족세력을 통합하여 집권체제를 안정시킨다.

 태조 왕건에게는 후삼국 사회의 분열을 극복하고 통치체제를 재정비하는 것이 시급한 문제였다. 그는 중앙집권체제를 정비하는 데 있어 지방의 독자적인 세력인 호족들을 집권체제 안으로 통합하는 일이 가장 중요한 과제였다.

48 다음 중 고려시대 국가재정의 운영에 관한 설명으로 옳지 않은 것은?

① 정확한 수취를 위하여 양안과 호적을 작성하였다.
② 왕실 및 관리들에게 조세를 수취할 수 있는 권한을 부여하였다.
③ 재정은 녹봉과 일반 비용, 국방비, 왕실 경비 등으로 지출되었다.
④ 국가재정에 필요한 수입은 오로지 중앙정부에서만 거둘 수 있었다.

 ④ 고려는 재정을 운영하는 관청으로 호부와 삼사를 두어 인구와 토지를 관리하고 재정과 관련된 사무를 처리하였다. 각 관청은 관청운영경비로 사용할 수 있는 토지를 지급받았으나 경비가 부족할 경우에는 필요한 경비를 각 관청에서 스스로 마련하기도 하였다.

Answer → 44.③ 45.② 46.② 47.④ 48.④

49 다음 중 고려시대의 대외무역 상황에 대한 내용으로 옳지 않은 것은?

① 북방민족은 고려로부터 생필품을 수입하였다.

② 고려는 여진과 거란에 대한 회유책으로 무역을 허용하였다.

③ 은의 다량 유입으로 활구(은병)가 화폐로서 널리 유통되었다.

④ 고려는 송으로부터 주로 선진문물을 수입하는 데 주력하였다.

 고려의 대외무역에서 가장 큰 비중을 차지한 것은 대송 무역이었다. 고려는 송으로부터 비단, 약재, 책, 악기 등을 수입하였으며 금, 은, 인삼, 종이, 붓, 먹, 나전칠기, 화문석 등을 수출하였다. 그 밖에 거란, 여진과도 무역이 이루어졌으며 활발하지는 못하였으나 일본과도 무역을 하였다.
③ 은이 대송 무역과 북방민족과의 무역에서 교류되었던 것은 사실이나 활구는 일부 귀족들 사이에서 유통되었을 뿐이다.

50 고려시대 무역의 발달에 대한 설명으로 옳지 않은 것은?

① 송나라와 가장 활발하게 교역하였으며 주로 왕실과 귀족의 수요품을 수입하고, 종이나 인삼 등의 수공업품과 토산물을 수출하였다.

② 거란이나 여진은 은과 농기구, 식량 등을 교환하였다.

③ 일본은 14세기 후반부터 본격적으로 교역하였으며 교역량은 송, 거란보다 많았다.

④ 아라비아 상인은 고려에 수은·향료·산호 등을 팔고 이들을 통해 고려의 이름이 서방에 알려지게 되었다.

 ③ 일본과는 11세기 후반부터 김해에서 교역하였으며 수은·유황을 식량·인삼·서적과 교환하였다.

51 고려시대 상업과 금융에 대한 설명으로 옳지 않은 것은?

① 수도에는 시전상업이 행해졌다.

② 경시서에서 상행위를 감독하였다.

③ 화폐가 교환의 주된 수단이 되었다.

④ 고리대의 성행에 대응하여 각종 보(寶)가 설립되었다.

 ③ 고려는 농업 중심의 경제구조였기 때문에 상업은 부진하였으며, 현물이 교환의 매개 수단으로 널리 활용되었다.

52 다음 중 고려시대 수공업자의 활동에 대한 설명으로 옳지 않은 것은?

① 고려 전기에는 관청수공업과 소 수공업이 중심이 되어 발달하였다.

② 고려 후기에는 유통경제의 성장으로 수공업품의 수요가 증가되고, 소 수공업이 쇠퇴하여 민간 수공업을 중심으로 수공업이 크게 발달하였다.

③ 관청 수공업은 공장안에 등록된 수공업자와 농민부역으로 운영되며 칼·창·활 등 무기류와 금·은 세공품을 생산함을 말한다.

④ 사원 수공업은 사원경제의 발달로 기술이 좋은 승려와 노비가 삼베, 모시, 기와, 술 등을 생산함을 말한다.

 ② 고려 후기에는 사원 수공업과 민간 수공업이 발달하였으나 여전히 수공업의 중심은 관청 수공업이었으며 고려전기에 비하여 수공업이 발달하지는 못하였다.

53 다음은 고려사의 일부분이다. 글을 읽고 나눈 대화로서 견해가 타당하지 않은 사람은?

> 김돈중 등이 절의 북쪽 산은 민둥하여 초목이 없으므로 그 인근의 백성들을 모아 소나무, 잣나무, 삼나무, 전나무와 기이한 꽃과 이채로운 풀을 심고 단을 쌓아 임금의 방을 꾸몄는데 아름다운 색채로 장식하고 대의 섬돌은 괴석을 사용하였다. 하루는 왕이 이곳에 행차하니 김돈중 등이 절의 서쪽 대에서 잔치를 베풀었다. 휘장, 장막과 그릇이 사치스럽고 음식이 진기하여 왕이 재상, 근신들과 더불어 매우 흡족하게 즐겼다.

① 상길 – 글을 읽어보니 고려 지배층의 생활에 대한 내용을 알 수 있겠어.

② 금우 – 사치스럽고 음식이 진기하다니 고려의 귀족층은 화려한 생활을 했었구나.

③ 상건 – 고려시대의 귀족이라면 경제기반은 대대로 물려받은 토지나 노비였겠네.

④ 일미 – 맞아! 국가에서도 귀족들의 생활을 보장해 주기 위해 사원전이나 공해전을 지급했었지.

 ④ 사원전은 사원의 운영을 위해 지급한 토지였으며 공해전은 중앙과 지방의 관청운영을 위해 지급한 토지이다.

Answer → 49.③ 50.③ 51.③ 52.② 53.④

54 다음 중 고려시대의 화폐에 대한 설명으로 옳지 않은 것은?

① 은을 무게로 달아서 쇄은이라 하여 사용하기도 하였다.

② 전기에는 곡물과 베가 주로 사용되었으나, 중기 이후에는 화폐가 전국적으로 크게 유통되었다.

③ 성종 때에는 철전, 숙종 때에는 동전과 은병 등을 주조하였다.

④ 지식인 중에서 화폐유통의 필요성을 인식하여 주전론을 주장하기도 하였다.

 ② 성종 때 건원중보(최초의 화폐), 숙종 때 해동통보, 해동중보, 삼한통보, 활구(은병)를 만들었으나 대부분의 농민들은 자급자족을 하였고 곡식이나 베가 유통의 매개가 되어 유통이 부진하였다.

55 다음 글의 (   ) 안에 들어갈 내용이 바르게 짝지어진 것은?

> (   )은(는) 과거와 (   )를(을) 통하여 관직을 독점하고, 정치권력을 장악하였다. 또한 관직에 따라 과전을 받고, (   ) 및 사전의 혜택을 받은데다가, 권력을 이용하여 불법적으로 개인이나 국가의 토지를 겸병하였다.

① 문벌귀족 – 음서 – 공음전

② 무신 – 음서 – 과거

③ 권문세족 – 공음전 – 음서

④ 신진사대부 – 공음 – 음서

 ① 문벌 귀족은 과거와 음서를 통하여 관직을 독점하고 정치권력을 장악하였다.

56 다음 연표의 A시기에 집권하였던 세력에 대하여 설명한 것으로 적절하지 못한 것은?

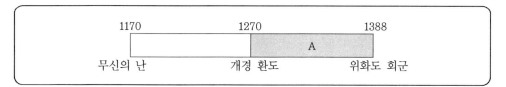

1170	1270	1388
무신의 난	개경 환도	위화도 회군

① 음서를 통하여 관인 신분을 획득하였다.
② 성리학을 수용하고 불교를 배척하였다.
③ 도평의사사를 독점하여 정권을 장학하였다.
④ 방대한 농장과 많은 노비를 소유하였다.

 ② 고려후기의 지배세력은 권문세족이었다. 무신정변(1170)에 의하여 문벌귀족이 몰락하고 무신이 집권세력이 되었으나, 무신정권이 붕괴(1270)된 후에는 새로운 권문세족이 새로운 지배세력으로 대두하였다. 권문세족은 자신의 지위를 세습하기 위하여 과거보다는 음서제를 활용하였기 때문에 일반적으로 문학적 또는 유학적 소양과는 거리가 멀었다. 뿐만 아니라 권문세족들 가운데는 친원적 성향을 띠면서 원의 앞잡이가 되어 고려에 폐해를 끼친 자들이 많았다. 그리고 이들은 수단·방법을 가리지 않고 불법적으로 토지를 겸병하여 대토지를 소유함으로써 국가재정을 약화시켰다.

57 다음 내용에 해당하는 고려시대의 사회기구로 옳은 것은?

> 풍년에 곡가가 하락하면 관에서 시가보다 높게 미곡을 매입하여 저축하였다가 흉년에 곡가가 등귀하면 시가보다 저렴하게 미곡을 방출하여 풍·흉간에 곡가를 조절함으로써 백성들의 생활을 돌본다.

① 의창
② 제위보
③ 경시서
④ 상평창

 상평창은 가을에 양곡을 매수하여 봄에 저렴한 가격으로 판매하는 물가조절기관이다. 즉, 곡식의 수급을 조절해 빈민을 구제한 기구이다.

Answer 54.② 55.① 56.② 57.④

58 다음은 고려의 문벌귀족을 3가지 유형으로 분류한 것이다. 이를 분석하여 고려 지배층의 성격을 제시한 것으로 가장 적절한 것은?

> • 호족세력이 중앙집권화 정책에 의해 중앙관리로 진출한 경우
> • 개국공신 계열이 정치를 주도하면서 주요 세력을 이룬 경우
> • 신라 6두품 계열의 지식인들이 과거를 통해 정치세력에 편입된 경우

① 신라에 비해 개방적인 성격을 지녔다.
② 학자적 관료집단을 형성하였다.
③ 계층간의 신분 이동은 불가능하였다.
④ 혈통보다는 개인의 능력을 중시하였다.

 고려 사회에서는 지방호족이나 유교적 지식인들이 새로운 지배층으로 등장하여 종래의 진골중심 체제를 벗어나 보다 개방적인 사회로 발전하게 되었다.
② 학자적 관료집단은 고려후기에 등장한 신진사대부에 해당하는 설명이다.
③ 고려의 신분제도는 엄격하여 대대로 세습되었지만, 동시에 부단한 사회 변동이 일어나고 있었다는 점에 유의해야 한다. 그 예로 향리로부터 문반직에 오르는 경우와 군인이 군공을 쌓아 무반으로 출세하는 경우를 들 수 있다. 고려후기에는 향·소·부곡의 주민들이 양인과 같은 지위로 승격되어 갔고, 외거노비 중에서 재산을 모아 양인의 신분을 얻는 자도 있었다.
④ 지배층이 신라에 비하여 개방적 성격을 가진 것은 분명하지만 개인의 능력보다 가문을 중시하는 풍조는 여전하였다.

59 다음 중 고려말 농장에 대한 설명으로 옳지 않은 것은?

① 농장의 경작인은 모두 노비였다.
② 농장은 면세, 탈세, 면역과 관련이 깊었다.
③ 농장은 무인정권과 몽고지배하에서 더욱 확대되었다.
④ 농장은 부역동원과 국가재정에 많은 지장을 초래하였다.

 ① 농장의 경작은 노비뿐만 아니라 토지를 잃은 농민이나 군역을 피하려는 사람들이 농장에 들어감으로써 농장의 소작인이 되었다. 그들은 귀족의 비호 아래 군역, 요역 등이 면제되었으므로 국가재정을 파탄시켰다.

60 다음 중 고려시대의 법속으로 옳지 않은 것은?

① 상장제례는 유교적 규범에 따라 시행했다.

② 반역죄와 불효죄는 중죄며 유교원리를 중시했다.

③ 지방관은 중요한 사건 외에는 관습법으로 다스렸다.

④ 근친혼과 동성혼이 유행하여, 후기에 금지령을 내렸다.

 ① 상장제례는 유교적 규범을 시행하려는 정부의 의도와는 달리 대개 토착신앙과 융합된 불교의식과 도교신앙의 풍속을 따랐다.

61 고려시대에 활동한 다음 인물들의 공통점을 바르게 설명한 것은?

> 최언위, 최승로, 김심언, 최량

① 자주적이고 주체적인 유학을 발전시켰다.

② 집권세력의 안전을 도모하는 보수적 경향이 강하였다.

③ 종래의 훈고학적 유학을 철학적인 유학으로 발전시켰다.

④ 유교적인 역사의식에 입각하여 고대의 역사를 정리하였다.

 최언위, 최승로, 김심언, 최량 등은 6두품 출신의 유학자로 자주적이고 주체적인 유학을 발전시켰다.

62 다음에 해당하는 유학이 고려에 수용된 후 나타난 문화현상으로 옳지 않은 것은?

> • 우주의 근원과 인간의 심성문제를 철학적으로 규명하려는 학문이다.
> • 불교의 선종사상을 유학에 접목한 것으로, 5경보다는 사서를 중시한 학문이다.

① 소학과 주자가례에 대한 인식이 새롭게 강조되었다.

② 훈고학적인 유학이 철학적인 유학으로 바뀌게 되었다.

③ 가묘의 건립과 유교의식을 보급하려는 노력이 행해졌다.

④ 선종을 중심으로 교종을 통합하려는 움직임이 나타나게 되었다.

 ④ 제시된 내용은 성리학에 관한 것이며, 성리학의 영향으로 불교는 인륜에 어긋나는 도라 하여 배척당하였다.

Answer 58.① 59.① 60.① 61.① 62.④

63 다음의 시책들을 추진하게 한 배경으로 옳은 것은?

> ㉠ 일종의 장학재단인 양현고를 설치하였다.
> ㉡ 국학에 7재를 두어 유학교육을 강화하였다.
> ㉢ 서적포를 설치하여 도서출판을 활발히 하였다.
> ㉣ 개경에 6학의 제도를 정하고, 향교교육을 강화하였다.

① 국가의 유학 장려
② 왕권강화정책
③ 9재학당 등 사학의 발달
④ 학문연구의 장려

 제시된 내용은 관학진흥책으로서 이러한 시책을 추진하게 된 것은 이 시기 사학의 과도한 발달 때문이었다.

64 고려시대의 교육제도와 관련된 다음과 같은 사실들이 초래한 문제점을 해결하기 위한 방법으로 옳지 않은 것은?

> • 과거시험을 관리하던 자들이 여러 사립학교를 설립하였다.
> • 문하시중을 지낸 최충은 후학 지도에 탁월한 능력을 발휘하였다.

① 장학재단인 양현고를 설치 · 운영하였다.
② 개경에 경사 6학의 제도를 실시하였다.
③ 12목에 경학박사를 보내어 가르치게 하였다.
④ 국학에 7재를 두어 유학교육을 강화하였다.

 최충을 비롯한 사학 12도의 설립자들은 과거시험 출제위원인 지공거 출신이 많았던 관계로 그들이 세운 사학들은 과거에서 좋은 성적을 거두었다. 이는 문벌귀족세력의 형성을 촉진시킨 반면에 관학을 쇠퇴시키는 요인이 되었다.
①②④ 관학진흥책이다.

65 다음 중 고려시대 과학의 발달에 대해 설명한 것으로 옳지 않은 것은?

① 고려시기에는 제지술이 발달하여 종이 전담 관서를 설치하였다.
② 향약구급방으로 자주적인 의학이 발달했음을 알 수 있다.
③ 인쇄술이 발달하여 주자소를 설치하였고 갑인자를 주조하였다.
④ 문익점이 목화씨를 들여옴으로 의생활에 큰 변화가 나타났다.

 ③ 주자소 설치와 갑인자 주조는 조선시대의 일이다.

66 다음 중 「삼국사기」와 「삼국유사」에 대한 비교로서 옳지 않은 것은?

① 전자는 관찬사서이고, 후자는 사찬사서이다.
② 전자에 비하여 후자는 민족의식이 강하게 나타났다.
③ 두 사서는 삼국시대의 역사만 다룬 점에서 일치한다.
④ 전자는 정치사 중심이고, 후자는 문화사적인 내용을 많이 다루었다.

 ㉠ 「삼국사기」: 인종 때 김부식이 중국 「사기」의 체제를 모방하여 유교사관의 입장에서 삼국시대
의 역사를 정리한 것이다. 정사체인 기전체 사서로 본기·열전·지·표로 구분 저술하였는데,
삼국 가운데 신라를 정통으로 삼았다(전 50권으로 사대주의적 기술).
㉡ 「삼국유사」: 충렬왕 때(1285) 일연이 불교사의 입장에서 저술한 것으로 단군의 이야기를 최초
로 수록하여 민족의 자주성을 강조하였다. 향가 14수가 수록되었으며 「삼국사기」에서 찾아볼
수 없는 고대문화에 관계되는 중요한 사실을 수록하고 있다.

67 다음 내용과 관련이 있는 조선시대의 군사조직은?

- 전직관료, 향리, 서리, 노비 등으로 조직
- 유사시 향토방위를 맡은 일종의 예비군

① 삼별초
② 잡색군
③ 총융청
④ 훈련도감

 잡색군 … 세종 때 지방에 설치하였으나 세조 때 한성에 설치한 일종의 예비군이다. 서리, 잡학
인, 신량역천인, 노비 등으로 구성되어 있으며 농민은 편성되지 않았다. 평상시에는 본업에 종사
하면서 일정 기간 군사훈련을 받았고, 유사시에는 향토방위의 임무를 맡았다.

Answer → 63.③ 64.③ 65.③ 66.③ 67.②

68 다음 중 광해군이 추진한 정책으로 알맞지 않은 것은?

① 대외적으로 친명배금정책을 실시하였다.
② 질병이 만연되자 동의보감을 편찬하게 하였다.
③ 성곽과 무기를 수리하는 등 국방에 힘을 기울였다.
④ 국가수입 증대를 위해 양안과 호적을 작성하였다.

 ① 광해군은 명과 후금 사이에서 실리적인 중립외교를 추진하였다.

69 다음 자료에 서술된 농업기술에 대한 설명으로 옳지 않은 것은?

> 이 농법은 제초에는 편하나 만일 한 번만 가뭄을 만나면 실수하니 농가에 위험한 일
> 이다.

① 조선 후기에 처음 시작하였다.
② 다수의 농민들은 경작권을 잃었다.
③ 농민들의 계급분화를 촉진하였다.
④ 한 사람이 농사지을 수 있는 면적이 늘어났다.

 ① 제시된 글은 이앙법에 대한 것으로 고려시대 때부터 시행된 농법이기는 하지만 수리시설의
미비로 일부 지역에서만 시행되었고 전국적으로 보급된 것은 임진왜란 이후부터였다.

70 다음 중 조선 태종의 치적이 아닌 것은?

① 신문고를 설치히었다.
② 호패법을 실시하였다.
③ 직전법을 실시하였다.
④ 주자소를 설치하여 계미자를 만들었다.

 태종의 개혁 … 사병제도 폐지, 의정부 권한 축소, 승정원과 의금부 설치, 6조직계제 실시, 신문
고의 설치, 양전사업의 실시, 호패법 시행, 사원경제 개혁, 주자소 설치(계미자 주조), 5부학당의
설치 등
③ 직전법은 세조 12년(1466)에 실시된 것으로 현직자에 한하여 과전을 지급하던 토지제도이다.

71 조선을 다른 시대와 구분하여 근세라고 부르는 근본적인 이유는?

① 양인의 수가 더욱 증가하고 권익이 더욱 신장되었다.

② 강한 민족의식이 성장하였다.

③ 모든 지역에 지방관을 파견하여 중앙집권적 통치를 하였다.

④ 민족의 독창적 문화를 형성하였다.

 ① 봉건적 중세사회와 비교해 볼 때 조선을 근세사회로 구분 지을 수 있는 가장 근본적인 이유는 양인의 수적 증가와 권익신장이다.

※ 근세사회의 특징

㉠ 정치면

• 왕권중심으로 권력구조를 바꾸고, 중앙집권적으로 제도를 개편하여 관료체제의 기틀을 마련하였다.

• 중앙집권체제의 원만한 운영을 위해 왕권과 신권의 조화에 노력하여 모범적인 유교정치를 추구하였다.

㉡ 사회면

• 양인의 수가 증가하고 양인의 권익이 더욱 신장되었을 뿐 아니라, 자영농의 수가 전보다 더 늘어났고, 경작권이 보장되었다.

• 과거제도가 정비되면서 능력이 보다 존중되었다.

㉢ 문화면 : 교육의 기회가 확대되었고, 민족적 자각을 바탕으로 민족문화의 확고한 기반을 마련하였다.

72 다음 조선 건국 후의 지방행정에 관한 내용에서 추론할 수 있는 사실로 옳은 것은?

> • 모든 군현에 수령을 파견하여 속현이 소멸되고 향리의 지위가 격하되었다.
> • 향·소·부곡이 소멸되고 면·리제를 편성하여 향민 중에서 책임자를 선임, 수령의 명령을 집행하게 하였다.

① 백성들은 지방세력가의 임의적인 지배에서 벗어나게 되었다.

② 성문화된 법전이 정비되어 법치주의 이념이 구현되었다.

③ 사림세력이 크게 성장하고 향약이 널리 보급되었다.

④ 향촌자치를 광범위하게 허용하였다.

 ① 지방에 관리를 파견하고 제도를 정비함으로써 중앙집권체제가 완성되었다.

73 다음은 조선의 경제정책과 관련된 사료이다. 옳지 않은 것은?

> 성세창이 아뢰기를 "임금이 나라를 다스리는 데 백성을 교화시키는 것이 중요합니다. 그러나 먼저 살게 한 뒤에 교화시키는 것이 옳습니다. 세종 임금이 농상(農桑)에 적극 힘쓴 까닭에 수령들이 사방을 돌면서 살피고 농상을 권하였으므로 들에 경작하지 않은 땅이 없었습니다. 요즘에는 백성 중에 힘써 농사짓는 사람이 없고, 수령도 들에 나가 농사를 권하지 않습니다. 특별히 지방에 타일러 농사에 힘쓰도록 함이 어떻습니까?"라고 하였다. 왕이 8도 관찰사에게 농상을 권하는 글을 내렸다.

① 고려 말의 을 위하여 상공업정책을 시행하고, 소비생활을 장려하였다.
② 신진사대부는 농경지의 확대 및 농업생산력 증대로 농민생활을 안정시키려 하였다.
③ 상공업의 발전장려하고, 새로운 농업기술과 농기구를 개발하여 보급하였다.
④ 토지개간을 파탄된 국가재정을 확충시키고, 왕도정치사상에 입각한 민생안정을 도모하기 위해 농본주의 경제정책을 세웠다.

 ③ 조선시대는 유교적 경제관에 따라 검약한 생활을 강조하고 소비생활을 억제하였다. 또한 농본주의 경제정책으로 인해 사농공상 간의 차별로 상공업자들이 대우 받지 못하였고, 자급자족적 경제로 상공업활동이 부진하였다. 상공업이 활성화되기 시작한 것은 16세기 이후 국가의 통제력이 약화되었던 시점에서이다.

74 조선의 상업 활동에 대한 설명으로 옳은 것은?

① 난전은 정부에서 종로거리에 설치한 상점으로 난전 상인은 국가에 점포세와 상세를 내야했다.
② 금난전권으로 인해 육의전이 발달하지 못하였다.
③ 저화와 조선통보는 쌀과 무명을 대신하여 상거래에 활발히 사용되었다.
④ 장시는 농업생산력 발달에 힘입어 서울 근교와 지방에서 정기 시장으로 정착되었다.

 ① 시전에 대한 설명이다.
② 시전 상인은 왕실이나 관청에 공급하는 특정 상품의 독점판매권(금난전권)을 획득하였으며, 이로 인해 육의전(명주, 종이, 어물, 모시, 삼베, 무명을 파는 점포)이 번성하였다.
③ 농민에게는 여전히 쌀과 무명이 화폐역할을 하여, 조선 최초의 지폐인 저화와 조선통보는 유통이 부진하였다.

75 다음 중 조선 전기의 상업에 대한 설명으로 옳지 않은 것은?

① 조선시대에는 고려시대 보다 상업 활동에 대한 통제가 더욱 강해졌다.

② 조선 전기에는 화폐의 유통이 활발해져 전국적으로 화폐의 사용이 보편화되었다.

③ 시전상인은 관수품의 공급 및 독점 판매권의 특권을 가진 어용상인이었다.

④ 장시는 15세기 후반 등장하였으며 16세기 전국적으로 확대되었다.

 ② 조선 전기에는 화폐 유통의 부진으로 쌀·무명 등이 교환수단으로 사용되었다.

76 조선시대 수취제도의 문란에 대한 설명으로 옳지 않은 것은?

① 환곡은 농민의 생활이 어려울 때 현금을 빌려주고 10분의 1정도의 이자를 거두는 고리대금의 성격으로 지방 수령과 향리들이 정한 이자보다 많이 징수하는 폐단이 나타났다.

② 공납의 폐단으로 중앙관청의 서리들이 공물을 대신 납부하고 수수료를 징수하는 방납이라는 폐단이 발생하였다.

③ 농민의 요역동원으로 농사에 지장을 초래하자 농민들이 요역동원을 기피하게 되었고, 이에 농민을 대신해 군인을 각종 토목공사에 동원시켜 군역을 기피하는 현상이 나타났다.

④ 군적수포제는 과중한 군포의 부담과 군역기피현상으로 도망자가 늘어나면서 군적 부실이라는 폐단을 낳았다.

 ① 환곡은 농민생활의 안정을 위해 농민에게 곡물을 빌려주고 10분의 1정도의 이자를 거두는 제도이다.

Answer 73.③ 74.④ 75.② 76.①

77 다음 조선초기의 상업에 대한 내용을 토대로 당시 조선의 상업정책을 바르게 파악한 것은?

> • 경시서에서 도량형 검사와 물가조절 담당
> • 시전 상인들이 특정 상품에 대해 독점판매권 행사
> • 관허 상인인 보부상에 의해 장시의 물품 유통

① 농업생산력의 증대와 맞추어 상공업을 장려하였다.
② 저화, 조선통보 등의 화폐가 교역의 주된 매개체였다.
③ 지방의 장시에서는 자유로운 상업행위가 권장되었다.
④ 상업은 전반적으로 국가의 통제하에 운영되었다.

 조선시대 경제의 중심은 토지에 있었다. 지배층의 유교적 농본사상은 농업을 본업으로, 상공업을 말업으로 취급하여 농업을 장려하고 상공업을 억제하였고 상공업을 국가가 통제하지 않으면 사치와 낭비가 조장되며 농업이 피폐하여 빈부의 격차가 커진다고 생각하였다. 상업은 국가 통제하에 있는 시전을 중심으로 이루어졌는데, 경시서는 이러한 시전을 감독하기 위해 설치된 기구이다. 장시에서는 정부의 허가를 받은 보부상이 활동하였다.

78 15세기 중엽 전분6등법과 연분9등법의 시행으로도 농민의 부담이 가벼워진 것은 아니었다. 많은 농민들이 전세개혁의 혜택을 받지 못한 이유로 옳은 것은?

① 현물로 납부하였기 때문에
② 땅을 소유하지 못하였기 때문에
③ 관리들의 부정 때문에
④ 해마다 풍년이 들었기 때문에

 조선시대 토지소유자는 국가에 조세를 납부할 의무가 있었다. 그러나 토지소유자인 지주들은 소작농민에게 그 세금을 대신 납부하도록 강요하는 경우가 많았다.

79 다음 중 조선시대의 중인에 관한 설명으로 옳은 것은?

> ㉠ 과거, 음서, 천거를 통해 관직에 진출하였다.
> ㉡ 주로 전문기술이나 행정실무를 담당하였다.
> ㉢ 지방에 파견되어 향촌사회를 지배하기도 하였다.
> ㉣ 양반과 상민의 중간신분계층이라는 의미를 갖고 있다.

① ㉠㉡ ② ㉡㉢
③ ㉡㉣ ④ ㉢㉣

 ㉠㉢ 양반에 대한 설명이다.

80 다음 중 조선초기의 농민에 관한 설명으로 옳은 것은?

① 과전법에 의거하여 민전을 지급받고 국가에 조를 납부하였다.
② 향교의 입학과 과거응시가 허용되었으나, 실제로는 관직 진출이 어려웠다.
③ 생활이 어려운 농민은 본가나 처가로 자유롭게 이주하여 생계를 꾸려 나갔다.
④ 유향소에 참여하여 향촌의 일을 자치적으로 처리할 수 있는 기회가 주어졌다.

 농민은 교육과 과거를 통해 정치적으로 출세할 수 있는 자격이 있었으나, 교육과 과거 준비에는 많은 시간과 비용이 들었으므로 실제 그렇게 되기는 어려웠다.

81 조선시대에 농민생활의 안정을 위해서 실시한 다양한 사회제도의 근본배경으로 옳은 것은?

① 농민은 천민보다 사회적인 지위가 높았다.
② 농민은 양반으로 상승할 자격이 있었다.
③ 상공업자들은 농업에 종사할 수 없었다.
④ 농민이 조세, 공납, 역을 부담하였다.

 ④ 농민이 국가재정의 대부분을 부담하였기 때문에 이들의 생활안정이 무엇보다 중요시되었다.

Answer → 77.④ 78.② 79.③ 80.② 81.④

82 다음 중 조선시대 사법제도에 대한 설명으로 옳지 않은 것은?

① 지방수령이 재판을 담당하였으며, 재판결과에 불복할 때는 항소할 수 있었다.

② 재산소유권의 분쟁은 문건에 의한 증거주의를 존중하였다.

③ 사법기관과 행정기관이 원칙적으로 구분되어 있었다.

④ 경국대전이 기본법전이었다.

 ③ 조선시대에는 사법기관과 행정기관이 분리되지 않았으며, 동일 관청에서 행정권과 사법권을 동시에 관장하였다.

83 조선초기의 가족제도에 대한 설명으로 옳은 것은?

① 주부는 자녀의 교육과 혼인, 제사의 주재와 같은 가사문제를 전담하여 처리하였다.

② 학업과 생산활동 종사로 인하여 혼인은 대개 만혼(晩婚)이 일반적이었다.

③ 가정 내의 민사와 관계되는 분쟁은 대개 성문법에 의거하여 처리되었다.

④ 처첩의 구분이 엄격하였으며 그 소생은 사회생활에서 차별을 받았다.

 ① 가사에 대한 권한은 가장에게 있었다.
② 많은 출산을 위해 조혼이 유행하였다.
③ 민사분쟁은 관습법에 따랐다.

84 다음 중 16세기 사림의 동향과 관계 깊은 것은?

① 전통적인 민간신앙을 보호하였다.

② 경학을 배격하고, 사장을 숭상하였다.

③ 성리학 이외의 학문을 폭넓게 수용하였다.

④ 도덕적 원리에 대한 인식과 실천을 중시하였다.

 ① 민간신앙을 배격하였다.
② 사림은 경학에 치중하고, 인간의 심성을 연구하는 성리학을 주류로 삼았다.
③ 성리학 이외의 학문과 사상을 이단으로 배격하였다.

85 다음의 글과 관련이 있는 사실이 아닌 것은?

> 3년에 한 번씩 호적을 개편하여 호조와 한성부, 본도와 본고을에 둔다. 서울과 지방은 5호로써 1통을 삼고 통주가 있다. 지방에는 5통마다 이정(里正)이 있고 1면마다 권농관이 있다. 서울에는 1방마다 관령이 있다. 사대부와 서민은 모두 집이 있는 곳에 따라 통을 만든다. 남자 장정으로서 16세 이상이면 호패를 찬다. 서울에서는 한성부, 지방에서는 각 고을의 해당 관리가 도장을 찍어 발급한다.
>
> – 경국대전 –

① 농민들을 효과적으로 통제하기 위해 실시한 제도이다.
② 호패는 신분에 따라 만드는 재료가 달랐으며 일종의 신분증명제도였다.
③ 이러한 제도를 시행함으로 농민생활은 안정을 찾게 되었다.
④ 반면 이러한 제도는 인징(隣徵)의 근거가 되기도 했다.

 제시문은 오가작통법과 호패법에 대한 글이다. 이러한 제도를 통해 조선은 촌락 주민에 대한 지배를 원활히 하고자 하였으며, 호패법도 농민 이동을 억제하여 효과적인 조세수취와 유민의 방지를 기한다는 공통적인 목적이 있다.
③ 오가작통법과 호패법은 농민생활의 안정이 아닌 통제책이었다.

86 조선시대의 사회시설과 정책에 대한 설명이 옳지 않은 것은?

① 정부는 농민생활의 안정을 위해 의창, 상평창 등의 환곡제를 실시하였다.
② 동·서 대비원은 유랑자의 수용과 구휼을 담당하였다.
③ 혜민국은 수도권의 서민환자의 구제를 담당하였다.
④ 형법은 민법이 기본법이며 대명률을 적용한다.

 ② 동서대비원은 수도권 서민 환자의 구제를 담당하였다.
※ 조선시대 사회시설
　ⓒ 혜민국 : 약재 판매
　ⓒ 동·서 대비원 : 서민환자 구제
　ⓒ 제생원 : 지방민의 구호 및 진료
　ⓒ 동·서 활인서 : 유랑자 수용·구휼

Answer⤵ 82.③ 83.④ 84.④ 85.③ 86.②

87 다음의 내용이 지적하고 있는 정치세력에 대한 설명 중 가장 옳은 것은?

> • 성종의 인재등용정책에 편승하여 정계에 진출하였다.
> • 고려 왕실에 절의를 지켜 조선 왕조의 개창에 불참하였다.

① 경학보다는 사장을 중시하였다.
② 성리학보다는 훈고학을 중시하였다.
③ 왕도정치보다는 패도정치를 중시하였다.
④ 물질문화보다는 정신문화를 중시하였다.

 제시된 내용은 사림파와 관련된 사실이다.
①③ 조선시대 훈구파와 관련된 사실이다.
② 고려시대의 문벌귀족, 권문세족과 관련된 사실이다.

88 다음과 관계 깊은 역사의식이 끼친 영향으로 옳은 것은?

> • 「동국통감」을 비판하고 통사를 새로 개찬하여 「동사찬요」, 「표제음주」, 「동국사략」 등을 저술하였다.
> • 단군보다는 기자를 더 높이 숭상하여 기자조선에 대한 연구를 심화하였는데, 「기자 실기」는 그 대표적인 저술이다.

① 국사를 민족사로 인식하는 주체적 사관을 성립시켰다.
② 왕실과 국가의 위신을 높였으며, 문화 향상에 기여하였다.
③ 국제정세의 변동에 융통성 있게 대처하는 능력을 키웠다.
④ 중국을 제외한 주변 민족의 침략에 적극적으로 저항하는 애국심을 높여 주었다.

 제시된 내용은 사림파의 존화주의적, 왕도주의적 역사·문화의식이 반영된 저서들로 사림파 집권기에는 우리 민족이 문화민족이라는 자부심을 가지고 문화의식을 반영하는 사서가 편찬되어 중국을 제외한 주변 민족의 침략에 저항하는 애국심을 고취시켰다. 그러나 국제정세의 변동에 대처하는 면에서는 뒤떨어지기도 하였다.

89 조선시대 성리학의 수용과 정착과정에 대한 설명 중 옳지 않은 것은?

① 조선초기의 집권층은 부국강병보다 성리학의 융성에 힘썼다.

② 성리학은 조선의 건국의 사상적 기반이 되었다.

③ 15세기 관학파는 성리학 이외의 학문과 사상에 포용적이었다.

④ 사림학파는 당시의 시대모순을 성리학적 이념을 통해 극복하고자 하였다.

Tip ① 조선초기의 집권층은 성리학보다 부국강병에 관심이 많았다.

90 역사 서술의 형식과 대표적인 사서가 바르게 짝지어진 것은?

① 강목체 – 고려사

② 편년체 – 삼국사기

③ 기전체 – 동국통감

④ 기사본말체 – 연려실기술

Tip ① 고려사 – 기전체 ② 삼국사기 – 기전체 ③ 동국통감 – 편년체

91 조선초기의 국가시책과 관련하여 편찬한 다음 서적들의 편찬의도는?

• 효행록   • 삼강행실도

• 경국대전   • 국조오례의

---

① 부국강병의 추구

② 유교적 질서의 확립

③ 농촌사회의 안정

④ 향촌자치제의 강화

Tip 각종 윤리서와 법전은 유교적인 질서를 확립하기 위해 편찬되었다.

Answer ➝ 87.④ 88.④ 89.① 90.④ 91.②

92 조선 후기 향촌사회는 다음과 같은 변화가 일어났다. 그 결과로 옳은 것은?

> • 부농층은 관권과 결탁하여 성장의 기반을 굳건히 하면서 향안에 참여하는가 하면 향회를 장악하고자 하였다.
> • 향회는 주로 수령이 세금을 부과할 때 의견을 물어보는 자문기구로 그 기능이 변하였다.
> • 수령과 향리 중심의 지배체제가 강화되었다.

① 수령의 권한 약화
② 향리의 세력 강화
③ 농민의 향촌자치 실현
④ 향회의 기능 강화

 조선 후기에 정부는 지방통치체제를 강화하기 위해 수령의 권한을 강화하고 지방사족의 세력을 약화시키고자 하였다. 이 과정에서 수령을 행정적으로 보좌하던 향리층의 권한도 강화되었다.

93 다음의 가족 제도가 확산되었던 시기로 알맞은 것은?

> • 부계 중심이 강화되었다.
> • 양자를 들이는 것이 일반화되었다.
> • 윤리 덕목으로 효와 정절을 강조하였다.

① 고려 전기　　　　　　　　② 고려 후기
③ 조선 전기　　　　　　　　④ 조선 후기

 조선후기 가족제도의 변화
㉠ 부계 중심의 가족제도가 더욱 강화되었으며 양자입양도 일반화되었다.
㉡ 부계 위주로 족보가 편찬되고 동성 마을이 형성되기도 하였다(종중의식이 확산).
㉢ 효자와 열녀를 표창하는 등 효와 정절을 강조하였으며 과부의 재가는 금지되었다.
㉣ 일부일처를 기본으로 하였으나 남자의 축첩은 허용되었다.
㉤ 서얼의 차별이 있었으며 혼사는 가장이 결정하였다.

94 다음 글과 같은 맥락에서 추진한 정책은?

> 저들의 종교는 사악하다. 하지만 저들의 기술은 이롭다. 잘 이용하여 백성들이 잘 살게 할 수 있다면 농업, 잠업, 의학, 병기, 배, 수레에 관한 기술을 꺼릴 이유가 없다. 종교는 배척하되 기술은 본받자는 것은 함께 할 수 있다.
>
> 「고종실록」

① 영선사 파견
② 척화비 건립
③ 공노비 해방
④ 중추원 관제 도입

 (Tip) 제시된 글은 '구본신참'으로 옛 것을 근본으로 해서 새로운 것을 참작 또는 참조한다는 뜻이다. 고유의 전통문화와 사상·제도를 유지하면서 점진적으로 서구문물을 받아들이자는 이론이다. 영선사는 선진 문물(무기 제조법)을 견학하기 위해 젊은 유학생들로 중국에 견학한 사신이다.

95 다음은 당파들이 설치한 군영이다. 이를 통한 군영의 성격은?

> • 훈련도감 – 현종대 남인
> • 금위영 – 숙종대 노론
> • 어영청, 총융청, 수어청 – 인조대 서인

① 당파의 군사적 기반 확대와 관련
② 북벌운동 추진과 관련
③ 성리학적인 국방론과 관련
④ 왕권과 양반관료의 정권 장악과 관련

 (Tip) 각 당파들은 정권을 유지하기 위한 군사적 기반으로 새로운 군영을 설치하고 이를 장악하였다.

Answer → 92.② 93.④ 94.① 95.①

96 다음 중 조선후기의 군사제도에 대한 설명으로 옳은 것은?

① 수어청은 숙종때 수도방위를 위해 설치되었다.
② 병력의 부족으로 속오군과 잡색군을 조직하였다.
③ 속오군은 양·천 혼성군으로 편제되었다.
④ 지방군제는 진관체제, 속오군체제, 제승방략체제의 순서로 변천하였다.

 ③ 속오군은 양천혼성군으로서, 농한기에 훈련하며 유사시 동원되었다.
　　① 수어청은 정묘호란 후 인조 때 설치되어 남한산성을 개축하고 이를 중심으로 남방을 방어하기 위해 설치되었다.
　　② 잡색군은 조선전기에 있었던 향토방위군으로 전직 관료, 서리, 향리, 교생, 노비 등 각 계층의 장정들이 참여, 본업에 종사하면서 유사시 향토방위를 하였다.
　　④ 지방군제는 진관체제→제승방략체제→속오군체제로 변천되었다.

97 다음의 사실들을 통하여 알 수 있는 사항으로 옳은 것은?

> • 장인들은 납포장으로 자유롭게 제품생산에 전념하게 되었다.
> • 정부는 18세기 말에 장인들의 등록명부인 공장안을 폐지하였다.
> • 부역제의 변동과 상품화폐경제의 진전으로 관영수공업이 쇠퇴하기 시작하였다.
> • 전문적 수공업자인 장인들은 가급적 관청에 등록하기를 기피하였다.

① 독립적인 민영수공업이 발달하게 되었다.
② 수공업자는 관장으로 변신하게 되었다.
③ 수공업자는 정부를 지배하게 되었다.
④ 관영수공업장은 완전히 폐쇄되었다.

 조선후기 상품화폐경제의 발달로 시장판매를 위한 수공업제품의 생산이 활발하였고, 민간수공업자들은 장인세만 납부하면 자유로운 생산활동을 할 수 있었으며 그들의 제품은 품질과 가격면에서 경쟁력도 있었다.

98 다음 중 조선시대의 세제에 대한 설명으로 옳지 않은 것은?

① 대동법 및 균역법이 실시됨으로써 전지에 부과되는 세액은 모두 20.2두가 되었다.

② 효종 때에 이르러 공법을 폐지하고 영정법으로 개정함으로써 1결당 세액은 4두가 되었다.

③ 16세기에 이르러 병작제 및 지주전호제의 일반화에 따라 조와 세의 구별은 없어지게 되었다.

④ 세종 때에 제정된 공법에서는 비척에 따라 전지를 6등으로 구분하고 1결당 세액을 최고 20두에서 최하 4두로 정하였다.

 ② 세종 때 만들어진 공법(전분6등법, 연분9등법)이 제대로 운용되지 못하자 인조 때에 조세를 1 결당 4두로 감하여 영정법을 실시하였다.

99 다음의 조선후기 사실들에 대한 설명으로 옳은 것은?

• 농업 – 광작이 발생하였다.
• 상업 – 도고상인이 성장하였다.
• 광업 – 사채, 잠채가 성행하였다.
• 수공업 – 선대제도가 유행하였다.

① 서민경제수준이 향상되었다.
② 자본축적활동이 활발하였다.
③ 통제경제정책이 강화되었다.
④ 계층분화현상이 약화되었다.

 계층분화현상이 촉진되고, 통제경제정책은 완화되었다. 또한 다수의 서민경제수준은 악화되었다.

100 다음 중 조선후기의 경제생활에 대한 설명으로 옳지 않은 것은?

① 도고상인을 위해 통공정책이 실시되었다.

② 17세기 후반에 상평통보가 발행되었다.

③ 군역의 합리적인 시행을 위해 호포법을 실시하였다.

④ 이앙법이 널리 보급되었다.

 ③ 조선후기 군역제도의 개편방법으로 영조와 일부 관료들이 호포론을 제기하였다. 군포를 양반층을 포함하여 전국의 모든 가호에게 부과하자는 주장으로 대다수의 양반들은 양반이 군역을 지면 반상의 신분적 구분이 없어진다고 반대하여 시행되지 못하였다.

101 다음 중 조선후기의 대외무역을 시장별로 설명한 것으로 옳지 않은 것은?

① 회령개시 – 춘추 2회 열리며, 공무역과 사무역이 자유무역으로 변했다.

② 회동관후시 – 조공사가 북경에서 하는 밀무역으로 병기, 사서, 비단 등이 거래되었다.

③ 책문후시 – 밀무역이기에 과중한 세금을 부과하고 단련사가 단속했다.

④ 중강후시 – 중강개시인 공무역이 밀무역으로 변질된 것이다.

 ② 회동관후시는 조선에서 중국으로 사신을 보낼 때 북경에 있는 회동관(조공사신의 숙소)에서 이루어지는 사무역이다.

102 조선 후기 사상과 그에 대한 설명이 바르지 않은 것은?

① 개성의 송상 – 인삼의 재배 및 판매를 독점하였다.

② 동래의 내상 – 일본과의 무역을 주도하였다.

③ 의주의 민상 – 중국과의 무역을 주도하였다.

④ 경강상인 – 청 · 일 간의 중계무역에 종사하였다.

 ④ 청 · 일 간의 중계무역에 종사한 것은 개성의 송상이다.
※ **경강상인** … 대표적인 선상으로서 경강과 서남 연안의 포구를 중심으로 운송업에 종사하였다. 한강을 중심으로 활동하였으며 운수와 조선뿐만이 아니라 소금 · 어물 등의 물품을 판매하여 막대한 이득을 취하기도 하였다.

103 다음 중 조선후기 자본주의적 생산관계의 발생에 대한 설명으로 옳지 않은 것은?

① 시전 상인들의 금난전권은 영조 때에 가서 신해통공으로 붕괴되었다.

② 국가의 제반 수취가 전세화되는 경향을 보였다.

③ 상업이 발달하여 상업자본을 축적한 사상들이 나타났다.

④ 수공업분야에서 민영수공업이 발달하였으며, 부분에 따라서는 공장제수공업의 형태로까지 발전하였다.

 ① 조선후기에 들어와 사상층의 도전을 받은 시전상인들은 금난전권을 행사하여 사상들의 자유로운 상업 활동을 막지 못하고, 정조 1791년 신해통공 조치로 육의전을 제외한 나머지 시전상인의 금난전권을 인정하지 않게 되었다.

104 다음 중 조선후기 농업기술의 발달과 관련이 깊은 신분제도의 변화로 옳은 것은?

① 소작농인 甲은 군공 양반이 되었다.

② 중인인 乙은 납속으로 양반이 되었다.

③ 병작농인 丙은 남의 집 머슴으로 전락하였다.

④ 지주였던 丁은 농사를 망쳐 토지를 처분하였다.

 ③ 농민은 경제적으로 지주의 토지를 병작하고, 경제 외적으로 지주의 지배를 받는 노비와 크게 다를 바 없는 존재였다.

105 19세기 전반기의 신분제도에 대한 설명으로 옳은 것은?

① 공노비와 사노비가 국가에 의해 해방되었다.

② 특권 양반신분이 새롭게 형성되었다.

③ 생산활동이 중시되어 상민층이 크게 늘어났다.

④ 경제적인 부가 신분의 이동에 큰 역할을 하였다.

 조선초기의 양천제는 사림이 성장하던 16세기 경부터 양반, 중인, 상민, 노비로 분화되어 유지되다가 19세기를 전후해서 양반의 인구가 점차 늘고, 상민과 노비의 인구가 줄어드는 경향을 보였는데, 이러한 현상에 결정적인 역할을 한 것은 경제적인 부였다. 즉, 부유한 농민이 납속에 의한 합법적인 방법으로 양반신분을 사거나 족보를 위조하는 경우가 대표적이다.

Answer↦ 100.③ 101.② 102.④ 103.① 104.③ 105.④

106 다음 중 조선후기 노비에 대한 설명으로 옳은 것은?

① 군공을 세우거나 납속을 통해 상민이 되는 경우가 많아졌다.
② 농민층의 몰락으로 노비의 수가 급증하여 국가재정에 타격을 주었다.
③ 사노비는 상전에게 강하게 예속되었으며 상민과의 구별이 더욱 엄격해졌다.
④ 정부는 국가재정상, 국방상의 이유로 노비수를 늘리기 위한 노력을 기울였다.

 부를 축적한 농민은 지위를 높이고 역 부담을 모면하기 위해 신분을 사거나 족보를 위조하여 양반이 되었고 노비 또한 도망, 상민과의 결혼, 군공이나 납속을 통해 상민이 되었다. 이러한 상민의 감소와 양반 수의 증가는 국가재정상·국방상 많은 지장을 초래하였다. 국가에서는 국가재정의 기반이 되는 상민의 수를 늘리기 위해 공노비를 단계적으로 해방시켰다.

107 다음의 내용을 통해서 조선후기 시대상황을 옳게 추론한 것은?

> • 설점수세정책이 실시되었다.
> • 공장안 등록제도가 폐지되었다.
> • 양인장정들이 납포군으로 바뀌었다.

① 인력의 동원력이 약화되었다.
② 민간 주도의 경제체제가 확립되었다.
③ 봉건적인 신분질서가 붕괴되었다.
④ 국가재정의 부족사태가 발생하였다.

 조선후기에는 상인과 농민층의 불만과 반발로 인하여 인력의 강제동원력이 약화되었다.

108 다음 중에서 19세기 전반에 일어난 홍경래의 난의 원인으로 옳은 것은?

> ㉠ 지역 차별　　　　　　　㉡ 외세의 침탈
> ㉢ 지주제의 모순　　　　　㉣ 붕당간의 차별
> ㉤ 세도정권의 부패

① ㉠㉡㉢　　　　　　　　② ㉠㉢㉤
③ ㉡㉢㉣　　　　　　　　④ ㉢㉣㉤

 홍경래의 난(1811)은 봉건체제의 모순의 격화, 서북인에 대한 정치적 차별, 수령권에 대한 봉기, 세도정치로 인한 민심의 이반 등을 원인으로 일어났다.

109 다음 중 19세기 농민항거의 배경으로 옳은 것은?

> ㉠ 유교적 왕도정치가 점차 퇴색되어 갔다.
> ㉡ 대동법과 균역법의 실시로 농민부담이 가중되었다.
> ㉢ 동학이 창시되어 세상이 어지러워지고 백성들이 현혹되었다.
> ㉣ 삼정의 문란으로 극에 달한 수령의 부정이 중앙권력과 연계되었다.

① ㉠㉡
② ㉠㉢
③ ㉠㉣
④ ㉡㉣

 19세기에 사회불안이 점차 고조되자 명목상이나마 유지되던 유교적 왕도정치는 점차 퇴색하였다. 또한 세도정치로 국가기강이 해이해진 틈을 타서 지방의 탐관오리가 중앙권력과 결탁하여 부정과 탐학을 저질렀고 이에 농민생활은 더욱 피폐해졌다.

110 다음 조선후기 사회의 동요 속에서 나타난 결과의 공통적인 성격으로 옳은 것은?

> • 소청운동
> • 벽서사건
> • 항조운동
> • 민란

① 잔반들이 정권을 장악하고자 한 것이다.
② 서얼들이 지위를 향상시키고자 한 것이다.
③ 농민들이 현실 문제를 타개하고자 한 것이다.
④ 노비들이 신분을 해방시키고자 한 것이다.

 세도정치로 인해 삼정의 문란, 정치의 혼란이 일어나면서 농촌사회는 극도로 피폐해졌다. 이에 농민들은 모순을 타파하고자 그 대응책으로 소청운동, 벽서운동, 항조운동, 민란을 일으키게 되었다.

111 다음 중 실학의 성립배경이 되는 것은?

① 보국안민을 내세워 서양과 일본 세력을 배척하기 위하여

② 성리학을 배척하고 양명학을 수용할 필요가 없었기 때문에

③ 유교적 입장을 견지하면서 물질문화의 긍정적인 면은 수용할 필요가 있었기 때문에

④ 천주교를 배척하고 성리학을 옹호할 필요가 있었기 때문에

 왜란과 호란 이후 일부 유학자들은 사림문화의 한계성을 인식하고 사회현실에 대한 반성과 극복의 길을 모색하였다. 또한 서양문물의 전래와 고증학의 영향으로 종래의 학문에 대해 비판이 일어났다.

112 다음과 같은 학문을 신봉하였던 학자들이 조선시대에 수행한 역할은?

> • 지행합일(知行合一)의 실천성을 중시하여 알았다고 하여도 행하지 아니하였다고 하면 그 앎은 진정한 앎이 아니니, 앎이 있다면 곧 행함이 있어야 한다고 주장하였다.
> • 경기도 중심의 재야 소론계열 학자와 불우한 종친 출신의 학자들이 주로 연구하였다. 16세기 말부터 관심을 가진 사람이 있었는데, 17세기에는 보다 많은 사람들이 관심을 가졌다.

① 서원과 향약을 통해 향촌사회를 이끌었다.

② 청의 발달된 문물을 도입하는 데 힘썼다.

③ 성리학의 폐단을 비판, 극복하려 하였다.

④ 상공업의 진흥과 기술문화의 혁신에 앞장섰다.

 제시된 내용은 성리학에 반대하여 발생한 양명학에 대한 설명이다.반성과 극복의 길을 모색하였다. 또한 서양문물의 전래와 고증학의 영향으로 종래의 학문에 대해 비판이 일어났다.

113 다음의 사상과 관련된 것으로 옳지 않은 것은?

> 인간의 마음이 곧 이(理)라는 심즉리(心卽理)를 바탕으로, 인간이 상하 존비의 차별 없이 타고난 천리로서의 양지를 실현하여 사물을 바로잡을 수 있다는 치양지설(致良知說), 앎은 행함을 통해서 성립한다는 지행합일설(知行合一說)등을 근간으로 하고 있다.

① 정제두는 연구와 제자 양성에 힘써 강화 학파라는 하나의 학파를 이루었다.

② 성리학의 교조화와 형식화를 비판하였으며 실천을 강조하였다.

③ 일반민을 도덕 실천의 주체로 보고 양반 신분제 폐지를 주장하기도 하였다.

④ 기술의 혁신과 문벌 제도 철폐 및 성리학의 극복을 주장하였다.

 제시된 글은 양명학에 대한 설명이다. 양명학은 중종 때에 전래되어 명과의 교류가 활발해지면서 주로 서경덕 학파와 종친들 사이에서 확산되었다.
④ 북학파 홍대용의 주장이다.

114 다음은 어느 실학자의 글의 일부이다. 이와 같은 입장을 가진 실학자들의 개혁사상으로 옳지 않은 것은?

> 지금 우리나라의 큰 폐단은 가난입니다. 어떻게 해야 가난을 면할 수 있는가 하면, 중국과 통상하는 길 밖에 없습니다. 지금 당장 중국으로 사신을 보내어 통상하기를 요청하면, 중국 사람들은 반드시 아침에 청한 것을 저녁에 허락할 것입니다.

① 화폐유통의 필요성을 강조하였다.

② 사·농·공·상의 직업적 평등화와 전문화를 주장하였다.

③ 소비를 권장하여 생산을 자극시킬 필요성을 주장하였다.

④ 농병일치의 군사조직과 사농일치의 교육제도를 확립해야 한다고 믿었다.

 중국과의 교역을 주장하고 있는 위 글은 중상주의 입장으로 박제가의 글이다.
④ 중농주의 입장인 유형원의 주장이다.

Answer↱→ 111.③ 112.③ 113.④ 114.④

115 조선후기 실학자 중 상공업 중심의 개혁사상가들에 대한 설명으로 옳은 것은?

① 상공업의 발달을 위하여 자유방임정책을 주장하였다.

② 신분질서를 그대로 유지하려는 보수적 측면이 있었다.

③ 문호를 개방하여 외국과 통상할 것을 주장한 사람도 있었다.

④ 그들의 궁극 목표는 유교적 이상국가를 건설하는 데 있었다.

 ③ 상공업 중심의 개혁사상가에는 유수원·홍대용·박지원·박제가 등이 있으며, 문호개방과 통상을 주장한 사람은 박제가로서 소비를 권장하였다.

116 다음의 사서들이 갖는 공통점으로 옳은 것은?

> • 동사강목
> • 해동역사
> • 연려실기술

① 실증적인 연구를 바탕으로 서술하였다.

② 고조선부터 조선시대까지 저술하였다.

③ 존화주의적 역사인식을 토대로 서술하였다.

④ 조선 왕조 개창에 대한 정당성을 부여하는 입장에서 편찬되었다.

 조선후기의 사서들로 이 시기의 역사학의 특징은 실증적·객관적 서술, 국사에 대한 독자성·전통성 강조, 고대사·문화사에 관심을 기울인 점 등을 들 수 있다.

117 단발령과 함께 유생 중심의 최초 항일의병이 일어나게 된 계기는?

① 아관파천   ② 을미사변

③ 을사조약   ④ 정미조약

 을미의병 … 을미사변(1895, 명성왕후시해사건)과 단발령으로 유생층의 불만이 최고조에 이르렀고 농민과 동학농민군까지 가세하여 전국적으로 확대되었다. 아관파천(1896) 이후 단발령이 철회되고, 고종의 해산 권고로 자진해산을 하게 되었다.

118 다음 취지문을 발표하고 활동한 단체로 옳은 것은?

> 우리는 운동상(運動上) 실천으로부터 배운 것이 있으니 우리가 실지로 우리 자체를 위하여 우리 사회를 위하여 분투하려면 우리 조선 자매 전체의 역량을 공고히 단결하여 운동을 전반적으로 전개하지 아니하면 아니 된다. 일어나라! 오너라! 단결하자! 분투하자! 조선의 자매들아! 미래는 우리의 것이다.
>
> 「한국 근대 민족 해방 운동사」

① 근우회   ② 신간회

③ 일진회   ④ 조선 광문회

근우회 … 일제 강점기 중반에 조직된 여성 단체이다. 1927년 한국의 여성운동가들이 좌우를 초월하여 설립한 단체이며 신간회의 외곽 지원 단체였다. 김활란, 고황경, 박차정, 정칠성, 박순천 등이 주동 인물이었다. 근우회는 전국적 규모의 대중 조직이었다.
② 1920년대 후반에 좌우익 세력이 합작하여 결성된 대표적인 항일단체로서 근우회는 신간회의 자매단체이다.
③ 구한말의 송병준이 설립한 대한 제국 시대의 친일단체이다(1904~1910).
④ 1910년에 설치된 한국 고전 연구기관이다.

119 다음은 강화도조약 이후 조선과 일본과의 관계를 설명한 것이다. 가장 늦게 일어난 것은?

① 전국의 황무지개간권을 요구하였다.

② 일본 화폐의 유통과 양곡의 무제한 유출을 허용하였다.

③ 공사관 보호를 위한 일본 군대를 주둔할 수 있게 하였다.

④ 지조법 개정, 경찰제 실시를 주장하는 개혁안을 발표하게 하였다.

① 러·일전쟁 이후(1904 ~ 1905)   ② 강화도조약(1876)   ③ 제물포조약(1882)   ④ 갑신정변(1884)

120 다음의 조·일통상규정(1876)의 내용을 통해 추론한 것 중 옳은 것은?

> • 화물의 출입에는 특별히 수년간의 면세를 허용한다.
> • 일본 정부에 소속된 모든 선박은 항구세를 납부하지 않는다.
> • 일본인은 모든 항구에서 쌀과 잡곡을 수출할 수 있다. 단, 재해시 1개월 전에 통고하고 방곡령이 가능하다.

① 조선에 대한 일본의 경제원조가 시작이 되었다.
② 조선과 일본은 자유무역을 통하여 상호이익을 얻었다.
③ 조선 정부는 방곡령을 통해 미곡의 유출을 방지할 수 있었다.
④ 일본으로 양곡이 무제한 유출되어 조선의 농촌경제는 피폐해졌다.

 조·일통상장정은 일본이 조선에 대한 경제적 침략을 용이하게 하기 위해 맺은 것으로서, 이 조약 이후 일본 상인의 곡물 유출이 심각하여 조선은 식량난을 겪게 되었다. 이에 대한 저항책으로 방곡령을 선포하였으나 배상금을 물어 주는 등 실패로 돌아갔다.

121 다음 중 외세의 직접적인 개입으로 실패한 운동에 대한 설명으로 옳은 것을 고르면?

① 반봉건적, 반침략적 근대민족운동의 성격을 띠었다.
② 자주권, 행정·재정·관리 임용, 민권 보장의 내용을 규정한 국정 개혁의 강령을 발표하였다.
③ 민중적 구국운동을 전개하며 외세의 이권 침탈을 배격하였다.
④ 일제의 황무지개간권 요구에 반대운동을 벌였다.

 외세의 직접적인 개입으로 실패한 것은 동학농민운동이다.
① **동학농민운동(1894)** : 반봉건적, 반침략적 성격의 동학농민운동은 폐정개혁안 12조를 주장하였으나 관군과 일본군과의 우금치전투에서 패하면서 실패하였다.
② **갑오개혁(1894)** : 온건개화파들이 국왕의 명을 받아 교정청을 설치하여 자주적 개혁을 추진하였다. 이는 비록 일본의 강아뱅 의한 타율적 성격도 있으나 조선인의 개혁의지가 일부 반영된 근대적 개혁이었다.
③ **독립협회(1896)** : 과거의 개혁이 민중의 지지를 얻지 못해 실패한 것을 깨닫고 민중계몽에 힘썼으나 입헌군주제를 반대하던 보수세력이 황국협회를 이용하여 탄압하였으며 결국 해산되었다.
④ **보안회(1904)** : 일제가 황무지개간권을 요구하자 보안회는 이를 저지하기 위해 가두집회를 열고 반대운동을 하여 결국 일본의 요구를 철회시켰다.

122 근세 조선이 외국과 근대적 조약을 체결한 올바른 순서는?

① 일본 - 청 - 영국 - 미국 - 프랑스 - 독일
② 일본 - 미국 - 영국 - 독일 - 러시아 - 프랑스
③ 청 - 일본 - 화란 - 프랑스 - 미국 - 영국
④ 영국 - 일본 - 미국 - 독일 - 러시아 - 프랑스

 우리나라의 근대적 조약은 일본과 1876년 2월 처음으로 맺음을 계기로 1882년 3월 미국, 1882년 4월 영국, 1882년 5월 독일, 1884년 5월 이탈리아, 1884년 6월 러시아, 1886년 5월 프랑스와 각각 수교를 맺었다.

123 다음 중 방곡령 선포에 관련된 내용으로 옳지 않은 것은?

① 일본 상인들이 농촌시장으로 침투하여 지나친 곡물을 반출해가자 곡물가격이 폭등하게 되었다.
② 방곡령은 흉년이 들면 중앙정부에서 직접 실시하였다.
③ 방곡령을 실시하기 1개월 전에 통고해야하는 조·일통상정정의 의무를 어겨 외교문제가 되었다.
④ 결국 방곡령을 철회하고 배상금을 지불하였다.

 ② 방곡령은 흉년이 들면 지방관의 직권으로 실시할 수 있었다.

124 일제의 통치정책 중의 일부이다. 이와 같은 내용을 모두 포괄하는 일제의 식민통치방법은?

- 일본식 성명의 강요
- 신사참배의 강요
- 징병·징용제도의 실시
- 부녀자의 정신대 징발

① 문화통치
② 헌병경찰통치
③ 민족말살통치
④ 병참기지화정책

 일제는 태평양전쟁 도발 후, 한국의 인적·물적 자원의 수탈뿐 아니라 민족문화와 전통을 완전히 말살시키려 하였다. 우민화정책과 병참기지화정책도 민족말살통치의 하나이다.

Answer 120.④ 121.① 122.② 123.② 124.③

125 다음 중 (나)시기에 해당하는 것은?

> (가)   (나)
>
> 1910   ➜   1919   ➜   1931

① 회사령을 발표하여 민족기업을 억압하였다.
② 산미증식계획의 추진으로 이농민이 증가하였다.
③ 토지조사사업을 실시하여 토지를 약탈하였다.
④ 공업원료 증산을 목적으로 남면북양정책을 추진하였다.

 ② 일제의 식민지 경제약탈은 (나)의 시기에는 부족한 식량을 우리나라에서 착취하려는 산미증식
계획(1920 ~ 1935)이 대표적이다.
① 회사령(1910)
③ 토지조사사업(1912 ~ 1918)
④ 남면북양정책은 산미증식계획 실패 이후의 일이다.

126 광복 후의 우리나라 농지개혁에 대한 설명으로 옳은 것은?

① 농지개혁으로 모든 농민들이 영세농에서 벗어나게 되었다.
② 지주의 농지를 유상으로 매수하여 소작인에게 무상으로 분배하였다.
③ 미 군정기에 실시되었다.
④ 국가가 매수한 토지는 영세농민에게 유상으로 분배하였다.

 농지개혁법은 1949년에 제정되어 1950년에 실시되었고, 유상매수 · 유상분배의 원칙을 적용하였
다. 하지만 지주 중심의 개혁과 한국전쟁으로 인하여 철저한 개혁이 이루어지지 못하였다.

127 1880 ~ 1890년대에 일어난 경제 자주권 수호운동이 아닌 것은?

① 상회사의 설립운동
② 함경도와 황해도의 방곡령
③ 과세자주권 확보의 노력
④ 일제의 황무지개간권 요구에 대한 반대 투쟁

 ④ 일제의 황무지개간권 요구는 러 · 일전쟁 중인 1904년에 일어난 것으로서, 국민들의 반발을
불러 일으켜 결국 보안회의 주도로 요구는 철회되었다.

128 다음은 국채보상 국민대회의 취지문에서 발췌한 내용이다. 이를 통해 알 수 있는 일제의 침략정책은?

> 지금은 우리가 정신을 새로이 하고 충의를 떨칠 때이니, 국채 1,300만원은 바로 한(韓) 제국의 존망에 직결된 것이다. 이것을 갚으면 나라가 존재하고, 갚지 못하면 나라가 망할 것은 필연적인 사실이나, 지금 국고는 도저히 상환할 능력이 없으며, 만일 나라에서 갚는다면 그 때는 이미 3,000리 강토는 내 나라, 내 민족의 소유가 못 될 것이다. 국토란 한 번 잃어버리면 다시는 찾을 길이 없는 것이다.

① 재정적으로 일본에 예속시키기 위한 정책을 시행하였다.
② 공산품을 수출하고 그 대가로 조선의 곡물을 주로 가져갔다.
③ 조선의 민족정신을 말살하려는 우민화교육을 실시하였다.
④ 식민지화를 위한 기초작업으로 토지약탈에 주력하였다.

 ① 청일전쟁 후 내정간섭을 강화한 일제는 러·일전쟁 이후에는 화폐정리를 명목으로 차관을 강요하였다. 이는 대한제국을 재정적으로 일제에 예속시키기 위한 조치였다.

129 다음 중 민족기업에 관한 설명으로 옳지 않은 것은?

① 민족기업은 순수한 한국인만으로 운영되었다.
② 지주 출신 기업인이 지주와 거상의 자본을 모아 대규모 공장을 세웠다.
③ 대규모 공장은 평양의 메리야스 공장 및 양말 공장, 고무신 공장들이었다.
④ 3·1운동 이후 민족 산업을 육성하여 경제적 자립을 도모하려는 움직임이 고조되어 갔다.

 ③ 메리야스 공장, 양말 공장 등은 서민 출신의 상인들이 1～2대에서 3～4대의 기계로 제품을 생산하는 정도에 불과하였다.

Answer ⇢ 125.② 126.④ 127.④ 128.① 129.③

130 다음 중 사회주의가 반대한 것은?

① 신간회   ② 소작쟁의
③ 물산장려운동   ④ 노동쟁의

 사회주의 사상은 청년·지식인층을 중심으로 청년운동, 소년운동, 여성운동, 농민운동, 노동운동
등 각 방면에 걸쳐 우리 민족의 권익과 지위 향상을 위한 활동을 하였다.

131 다음을 바탕으로 정부가 추진한 시책을 바르게 추론한 것은?

> • 국민교육헌장을 선포하여 새로운 정신지표를 제시하였다.
> • 근면, 자조, 협동을 기본이념으로 새마을운동을 전개하였다.

① 복지사회의 건설   ② 정의사회의 구현
③ 국민의식의 개혁   ④ 소득격차의 완화

 국민교육헌장의 선포와 새마을운동은 국민들의 의식개혁과 민족의식을 높이려는 목적에서 전개
되었다.

132 다음의 사회교육활동을 시대순으로 바르게 나열한 것은?

> ㉠ 멸공필승의 신념과 집단안보의식의 고취
> ㉡ 국민교육헌장 선포
> ㉢ 홍익인간의 교육이념 수립
> ㉣ 재건국민운동의 추진

① ㉠㉢㉣㉡   ② ㉠㉣㉡㉢
③ ㉢㉠㉣㉡   ④ ㉢㉣㉡㉠

 ㉢ 홍익인간의 교육이념 수립(정부 수립 후)→㉠ 멸공 필승의 신념과 집단안보의식의 고취
(6·25 중)→㉣ 재건국민운동의 추진(5·16 후)→㉡ 국민교육헌장 선포(1968)

133 갑오개혁, 을미개혁을 통해 이루어진 근대적 개혁내용 중 가장 소홀하였던 분야는?

① 과거제의 폐지와 새로운 관리임용제의 실시

② 훈련대 창설과 사관양성소를 통한 군사력 강화

③ 행정권과 사법권의 분리를 통한 행정업무의 개선

④ 신분제의 타파와 연좌법의 폐지 등 봉건적 폐습 타파

 ② 갑오·을미개혁은 봉건적 전통질서를 타파하려는 제도면에서의 근대적인 개혁이었으나 군사적인 개혁에는 소홀하였다. 한때, 훈련대의 창설·확충과 사관 양성소의 설치 등이 시도되었으나 큰 성과는 없었다.

134 다음의 내용과 관련된 조직을 바르게 나열한 것은?

> 동일한 목적, 동일한 성공을 위하여 운동하고 투쟁하는 혁명가들은 반드시 하나의 기치 아래 모이고, 하나의 호령 아래 모여야만 비로소 상당한 효과를 얻을 수 있음은 더 말할 나위가 없다.

① 물산장려회 조직

② 조선어학회와 진단학회 조직

③ 신간회와 조선어학회 조직

④ 신간회와 근우회의 조직

 1920년대에 들어와 사회주의 사상이 유입되면서 민족의 독립운동에 이념적인 갈등이 초래되었다. 이러한 문제를 해결하기 위해 민족주의계와 사회주의계의 통합이 논의되었고, 그 결과 결성된 단체가 신간회와 근우회였다.

Answer → 130.③ 131.③ 132.③ 133.② 134.④

135 다음 중 1920년대 초에 유입된 사회주의 사상의 영향으로 활발하게 전개된 운동을 바르게 고른 것은?

┌───┐
│ ㉠ 소작쟁의   ㉡ 노동쟁의   │
│ ㉢ 청소년운동   ㉣ 물산장려동   │
│ ㉤ 6 · 10만세운동   │
└───┘

① ㉠㉡㉢㉣   ② ㉠㉡㉢㉤
③ ㉠㉡㉣㉤   ④ ㉠㉢㉣㉤

 ㉣ 물산장려운동은 지주자본가 계층이 중심이 되어 민족자본의 형성을 목표로 일으킨 경제적 민족운동이다.

136 갑신정변과 동학농민운동의 공통점으로 옳지 않은 것은?

① 평등사회를 추구하였다.
② 외세의 개입이 결정적인 실패원인이었다.
③ 민중들의 광범위한 지지를 받았다.
④ 양반 중심의 지배질서가 동요되는 가운데 전개되었다.

 ③ 갑신정변 당시의 민중들은 개화당의 개혁의지를 이해하지 못하였고, 오히려 이들을 적대시하였다.

137 다음 글과 관련이 있는 것은?

┌───┐
│   우리 민족은 맨 손으로 일어섰고 붉은 피로 독립을 구하여 세계 혁명의 역사에 있어 │
│ 서 하나의 새로운 세계를 열었다. 기미(1919) · 경신(1920) 이후로는 이러한 움직임이 더 │
│ 욱 치열하고 그 진행이 계속되었다. 오히려 죽음의 세계에 도달하는 것은 반드시 이루 │
│ 어야 할 목적으로 삼았다. 그러므로 나의 역사 서술은 마땅히 '통사(通史)'에 이어 독립 │
│ 을 완성하는 날로 획린(獲麟)의 시기를 삼아야 할 것이며, 광복의 역사에 이르러서는 나 │
│ 의 능력 있는 벗에게 부탁함이 옳을 것이다.   │
└───┘

① 사회경제 사학   ② 실용과학 사학
③ 민족주의 사학   ④ 실증주의 사학

 ③ 한말의 역사학은 민족의 정통성을 찾고 외국의 침략으로부터 국권을 수호하려는 강렬한 민족주의 사학이 발달하였다.

138 다음 중 신간회의 기본강령으로 옳은 것은?

① 민족산업의 육성운동 전개

② 민립대학 설립운동 전개

③ 여성 노동자의 권익 옹호 새 생활개선

④ 민족의 단결, 정치·경제적 각성 촉구

 신간회 강령
ㄱ 정치적·경제적 각성을 촉구함
ㄴ 단결을 공고히 함
ㄷ 기회주의를 일체부인함

139 다음의 근대적 시설들을 통해 공통적으로 파악되는 사실은?

• 전신	• 철도
• 전화	• 전차

① 부국강병에 기여   ② 민족교육에 기여

③ 대외진출에 공헌   ④ 외세의 침탈도구로 이용

 근대적 시설은 민중들의 사회·경제적 생활개선에 도움을 주었으나, 외세의 이권과 침략의 목적으로 이용되기도 하였다.

140 개항 이후 우리나라의 건축양식에 있어 서양의 영향을 받은 건축물을 골라 묶은 것은?

ㄱ 독립문	ㄴ 광화문
ㄷ 경복궁 근정전	ㄹ 독립관
ㅁ 명동 성당	ㅂ 덕수궁 석조전

① ㄱㄷㅁ   ② ㄱㅁㅂ

③ ㄴㄷㅁ   ④ ㄴㄷㅂ

 독립문은 프랑스의 개선문을 본땄으며, 덕수궁의 석조전은 르네상스식으로, 명동성당은 고딕양식으로 지어졌다.

Answer→ 135.②   136.③   137.③   138.④   139.④   140.②

PART

IV

인성검사

01 인성검사의 개요

1 인성(성격)검사의 개념과 목적

인성(성격)이란 개인을 특징짓는 평범하고 일상적인 사회적 이미지, 즉 지속적이고 일관된 공적 성격(Public-personality)이며, 환경에 대응함으로써 선천적·후천적 요소의 상호작용으로 결정화된 심리적·사회적 특성 및 경향을 의미한다. 여러 연구 결과에 따르면 직무에서의 성공과 관련된 특성들은 개인의 능력보다 성격과 관련이 있다고 한다.

공기업에서는 인성검사를 통하여 각 개인이 어떠한 성격 특성이 발달되어 있고, 어떤 특성이 얼마나 부족한지, 그것이 해당 직무의 특성 및 조직문화와 얼마나 맞는지를 알아보고 이에 적합한 인재를 선발하고자 한다. 또한 개인에게 적합한 직무 배분과 부족한 부분을 교육을 통해 보완하도록 할 수 있다.

현재 공기업들은 인성검사를 한국행동과학연구소나 한국에스에이치엘 등의 기관에 의뢰하여 시행하고 있다. 한국수력원자력, 한국남동발전, 한국중부발전, 한국동서발전, 한국남부발전, 한국서부발전, 한국전력기술, 한전원자력연료, 한전KDN, 한국석유공사, 한국토지공사, 한국가스공사, 한국방송공사(KBS), 한국방송광고공사, 대한송유관공사, 한국기업평가, 법무부 등은 한국행동과학연구소에 인성검사를 의뢰하고 있는 곳이다.

인성검사의 문항은 각 개인의 특성을 알아보고자 하는 것으로 절대적으로 옳거나 틀린 답이 없다. 결과를 지나치게 의식하여 솔직하게 응답하지 않으면 과장 반응으로 분류될 수 있다. 그러므로 각 문항에 대해 자신의 생각이나 행동을 있는 그대로 솔직하게 나타내는 것이 가장 바람직하다.

인성검사의 측정요소는 검사방법에 따라 차이가 있다. 일부 기관의 경우는 보안을 위해 인성검사를 의뢰한 기업과 문항에 대한 공개를 하지 않아서 인성검사의 유형을 정확히 파악하는 것이 어렵다.

본 책에서는 일상생활에 활용할 수 있도록 고안된 자기보고식 성격유형지표인 MBTI와 인간의 행동유형(성격)과 행동패턴을 파악하는데 유용한 DISC행동유형, U-K 검사에 대한 간략한 소개를 실었다.

2 인성검사 대책

(1) 솔직하게 있는 그대로 표현한다

인성검사는 평범한 일상생활 내용들을 다룬 짧은 문장과 어떤 대상이나 일에 대한 선호를 선택하는 문장으로 구성되었으므로 평소에 자신이 생각한 바를 너무 골똘히 생각하지 말고 문제를 보는 순간 떠오른 것을 표현한다.

(2) 모든 문제를 신속하게 대답한다

인성검사는 시간제한이 없는 것이 원칙이지만 일정한 시간제한을 두고 있다. 인성검사는 개인의 성격과 자질을 알아보기 위한 검사이기 때문에 정답이 없다. 다만, 해당 공기업에서 바람직하게 생각하거나 기대되는 결과가 있을 뿐이다. 따라서 시간에 쫓겨서 대충 대답을 하는 것은 바람직하지 못하다.

(3) 일관성 있게 대답한다

간혹 반복되는 문제들이 출제되기 때문에 일관성 있게 답하지 않으면 감점될 수 있으므로 유의한다. 실제로 공기업 인사부 직원의 인터뷰에 따르면 일관성이 없게 대답한 응시자들이 감점을 받아 탈락했다고 한다. 거짓된 응답을 하다보면 일관성 없는 결과가 나타날 수 있으므로 신속하고 솔직하게 체크하다 보면 일관성 있는 응답이 될 것이다.

(4) 마지막까지 집중해서 검사에 임한다

장시간 진행되는 검사에 지칠 수 있으므로 마지막까지 집중해서 정확히 답할 수 있도록 해야 한다.

02 인성검사의 종류

1 MBTI 16가지 성격유형

Myers와 Briggs가 고안한 도표로, 생각이 많은 내향성은 도표의 위쪽 두 줄에, 적극적이고 활동적인 외향성은 도표의 아래쪽 두 줄에, 감각형은 도표의 왼쪽 두 줄에, 직관형은 도표의 오른쪽 두 줄에 배치하였고, 분석적이고 논리적인 사고형은 도표의 왼편과 오른편에 배치하고, 관계지향적인 감정형은 도표의 중앙에 배치시켰다. 정리정돈을 잘하는 판단형은 도표의 아래위로 배치하고, 개방적이며 때로는 즉흥적인 인식형은 도표의 가운데로 모아놓았다.

>> ISTJ

신중하고 조용하며 집중력이 강하고 매사에 철저하다. 구체적, 체계적, 사실적, 논리적, 현실적인 성격을 띠고 있으며, 신뢰할 만한다. 만사를 체계적으로 조직화시키려고 하며 책임감이 강하다. 성취해야 한다고 생각하는 일이면 주위의 시선에 아랑곳하지 않고 꾸준하고 건실하게 추진해 나간다.

>> ISFJ

조용하고 친근하고 책임감이 있으며 양심바르다. 맡은 일에 헌신적이며 어떤 계획의 추진이나 집단에 안정감을 준다. 매사에 철저하고 성실하고 정확하다. 기계분야에는 관심이 적다. 필요하면 세세한 면까지도 잘 처리해 나간다. 충실하고 동정심이 많고 타인의 감정에 민감하다.

>> INFJ

인내심이 많고 독창적이며 필요하거나 원하는 일이라면 끝까지 이루려고 한다. 자기 일에 최선의 노력을 다한다. 타인에게 말없이 영향력을 미치며, 양심이 바르고 다른 사람에게 따뜻한 관심을 가지고 있다. 확고부동한 원리원칙을 중시한다. 공동선을 위해서는 확신에 찬 신념을 가지고 있기 때문에 존경을 받으며 사람들이 따른다.

>> INTJ

대체로 독창적이며 자기 아이디어나 목표를 달성하는데 강한 추진력을 가지고 있다. 관심을 끄는 일이라면 남의 도움이 있든 없든 이를 계획하고 추진해 나가는 능력이 뛰어나다. 회의적, 비판적, 독립적이고 확고부동하며 때로는 고집스러울 때도 많다. 타인의 감정을 고려하고 타인의 관점에도 귀를 기울이는 법을 배워야 한다.

>> ISTP

차분한 방관자이다. 조용하고 과묵하며, 절제된 호기심을 가지고 인생을 관찰하고 분석한다. 때로는 예기치 않게 유머 감각을 나타내기도 한다. 대체로 인간관계에 관심이 없고, 기계가 어떻게 왜 작동 하는지 흥미가 없다. 논리적인 원칙에 따라 사실을 조직화하기를 좋아한다.

>> ISFP

말없이 다정하고 친절하고 민감하며 자기 능력을 뽐내지 않고 겸손하다. 의견의 충돌을 피하고 자기 견해나 가치를 타인에게 강요하지 않는다. 남 앞에 서서 주도해 나가기 보다 충실히 따르는 편이다. 일하는 데에도 여유가 있다. 왜냐하면 목표를 달성하기 위해 안달복달하지 않고 현재를 즐기기 때문 이다.

>> INFP

정열적이고 충실하며 목가적이고 낭만적이며, 내적 신념이 깊다. 마음이 따뜻하고 조용하며 자신이 관계하는 일이나 사람에 대하여 책임감이 강하고 성실하다. 이해심이 많고 관대하며 자신이 지향하 는 이상에 대하여 정열적인 신념을 가졌으며, 남을 지배하거나 좋은 인상을 주고자하는 경향이 거의 없다. 완벽주의적 경향이 있으며, 노동의 대가를 넘어서 자신이 하는 일에 흥미를 찾고자하는 경향 이 있으며, 인간이해와 인간복지에 기여할 수 있는 일을 하기를 원한다. 언어, 문학, 상담, 심리학, 과학, 예술분야에서 능력을 발휘한다. 자신의 이상과 현실이 안고 있는 실제 상황을 고려하는 능력 이 필요하다.

>> INTP

조용하고 과묵하다. 특히 이론적ㆍ과학적 추구를 즐기며, 논리와 분석으로 문제를 해결하기를 좋아 한다. 주로 자기 아이디어에 관심이 많으나, 사람들의 모임이나 잡담에는 관심이 없다. 관심의 종류 가 뚜렷하므로 자기의 지적 호기심을 활용할 수 있는 분야에서 능력을 발휘할 수 있다.

>> ESTP

현실적인 문제해결에 능하다. 근심이 없고 어떤 일이든 즐길 줄 안다. 기계 다루는 일이나 운동을 좋아하고 친구사귀기를 좋아한다. 적응력이 강하고 관용적이며, 보수적인 가치관을 가지고 있다. 긴 설명을 싫어한다. 기계의 분해 또는 조립과 같은 실제적인 일을 다루는데 능하다.

>> ESFP

사교적이고 태평스럽고 수용적이고 친절하며, 만사를 즐기는 형이기 때문에 다른 사람들로 하여금 일에 재미를 느끼게 한다. 운동을 좋아하고 주위에 벌어지는 일에 관심이 많아 끼어들기 좋아한다. 추상적인 이론보다는 구체적인 사실을 잘 기억하는 편이다. 건전한 상식이나 사물 뿐 아니라 사람들 을 대상으로 구체적인 능력이 요구되는 분야에서 능력을 발휘할 수 있다.

>> ENTP

따뜻하고 정열적이고 활기에 넘치며 재능이 많고 상상력이 풍부하다. 관심이 있는 일이라면 어떤 일이든지 척척해낸다. 어려운 일이라도 해결을 잘하며 항상 남을 도와줄 태세를 가지고 있다. 자기 능력을 과시한 나머지 미리 준비하기보다 즉흥적으로 덤비는 경우가 많다. 자기가 원하는 일이라면 어떠한 이유라도 갖다 붙이며 부단히 새로운 것을 찾아 나선다.

>> ENTP

민첩하고 독창적이고 안목이 넓으며 다방면에 재능이 많다. 새로운 일을 시도하고 추진하려는 의욕이 넘치며, 새로운 문제나 복잡한 문제를 해결하는 능력이 뛰어나며 달변이다. 그러나 일상적이고 세부적인 면은 간과하기 쉽다. 한 일에 관심을 가져도 부단히 새로운 것을 찾아나간다. 자기가 원하는 일이면 논리적인 이유를 찾아내는 데 능하다.

>> ESTJ

구체적이고 현실적이고 사실적이며, 기업 또는 기계에 재능을 타고난다. 실용성이 없는 일에는 관심이 없으며 필요할 때 응용할 줄 안다. 활동을 조직화하고 주도해 나가기를 좋아한다. 타인의 감정이나 관점에 귀를 기울일 줄 알면 훌륭한 행정가가 될 수 있다.

>> ESFJ

마음이 따뜻하고 이야기하기 좋아하고, 사람들에게 인기가 있고 양심 바르고 남을 돕는 데에 타고난 기질이 있으며 집단에서도 능동적인 구성원이다. 조화를 중시하고 인화를 이루는 데 능하다. 항상 남에게 잘 해주며, 격려나 칭찬을 들을 때 가장 신바람을 낸다. 사람들에게 직접적이고 가시적인 영향을 줄 수 있는 일에 가장 관심이 많다.

>> ENFJ

주위에 민감하며 책임감이 강하다. 다른 사람들의 생각이나 의견을 중히 여기고, 다름 사람들의 감정에 맞추어 일을 처리하려고 한다. 편안하고 능란하게 계획을 내놓거나 집단을 이끌어 가는 능력이 있다. 사교성이 풍부하고 인기 있고 동정심이 많다. 남의 칭찬이나 비판에 지나치게 민감하게 반응한다.

>> ENTJ

열성이 많고 솔직하고 단호하고 통솔력이 있다. 대중 연설과 같이 추리와 지적담화가 요구되는 일이라면 어떤 것이든 능하다. 보통 정보에 밝고 지식에 대한 관심과 욕구가 많다. 때로는 실제의 자신보다 더 긍정적이거나 자신 있는 듯한 사람으로 비칠 때도 있다.

2 DISC 행동유형

일반적으로 사람들은 태어나서부터 성장하여 현재에 이르기까지 자기 나름대로의 독특한 동기요인에 의해 선택적으로 일정한 방식으로 행동을 취하게 된다. 그것은 하나의 경향성을 이루게 되어 자신이 일하고 있거나 생활하고 있는 환경에서 아주 편안한 상태로 자연스럽게 그러한 행동을 하게 된다. 우리는 그것을 행동 패턴 (Behavior Pattern) 또는 행동 스타일(Behavior Style)이라고 한다. 사람들이 이렇게 행동의 경향성을 보이는 것에 대해 1928년 미국 콜롬비아대학 심리학교수인 William Mouston Marston박사는 독자적인 행동유형 모델을 만들어 설명하고 있다. Marston박사에 의하면 인간은 환경을 어떻게 인식하고 또한 그 환경 속에서 자기 개인의 힘을 어떻게 인식하느냐에 따라 4가지 형태로 행동을 하게 된다고 한다. 이러한 인식을 축으로 한 인간의 행동을 Marston박사는 각각 주도형, 사교형, 안정형, 신중형, 즉 DISC 행동유형으로 부르고 있다. DISC는 인간의 행동유형(성격)을 구성하는 핵심 4개요소인 Dominance, Influence, Steadiness, Conscientiousness의 약자로 다음과 같은 특징을 보인다.

Dominance(주도형) 담즙질	Influence(사교형) 다혈질
D 결과를 성취하기 위해 장애를 극복함으로써 스스로 환경을 조성한다.	I 다른 사람을 설득하거나 영향을 미침으로써 스스로 환경을 조성한다.
• 빠르게 결과를 얻는다. • 다른 사람의 행동을 유발시킨다. • 도전을 받아들인다. • 의사결정을 빠르게 내린다. • 기존의 상태에 문제를 제기한다. • 지도력을 발휘한다. • 어려운 문제를 처리한다. • 문제를 해결한다.	• 사람들과 접촉한다. • 호의적인 인상을 준다. • 말솜씨가 있다. • 다른 사람을 동기 유발시킨다. • 열정적이다. • 사람들을 즐겁게 한다. • 사람과 상황에 대해 낙관적이다. • 그룹활동을 좋아한다.
Conscientiousness(신중형) 우울질	Steadiness(안정형) 점액질
C 업무의 품질과 정확성을 높이기 위해 기존의 환경 안에서 신중하게 일한다.	S 과업을 수행하기 위해서 다른 사람과 협력을 한다.
• 중요한 지시나 기준에 관심을 둔다. • 세부사항에 신경을 쓴다. • 분석적으로 사고하고 찬반, 장단점 등을 고려한다. • 외교적 수완이 있다. • 갈등에 대해 간접적 혹은 우회적으로 접근한다. • 정확성을 점검한다. • 업무수행에 대해 비평적으로 분석한다.	• 예측가능하고 일관성 있게 일을 수행한다. • 참을성을 보인다. • 전문적인 기술을 개발한다. • 다른 사람을 돕고 지원한다. • 충성심을 보인다. • 남의 말을 잘 듣는다. • 흥분한 사람을 진정시킨다. • 안정되고, 조화로운 업무

3　U-K 검사(Uchida - Kraepelin TEST ; 작업검사)

(1) 의의

UK검사란 Uchida Kraepelin 정신작업 검사로 일정한 조건 아래 단순한 작업을 시키고 나서 그 작업량의 패턴에서 인격을 파악하려고 하는 것이다. UK검사는 1~9까지의 숫자를 나열하고 앞과 뒤의 더한 수의 일의 자리 수를 기록하는 방법으로 진행된다. 예를 들어 1　2　3　4　5　6 … 이란 숫자의 나열이 있을 때 1 + 2 = 3이면 3을 1과 2 사이에 기록하고 5 + 6 = 11은 일의 자리 수, 즉 1을 5와 6 사이에 기록한다.

예

```
2  5  7  8  5  1  9  5  8  7  2  6  4  7  1
  7  2  5  3  6  0  4  3  5  9  8  0  1  8
```

각 행마다 1분이 주어지며 1분이 지나면 다음 행으로 넘어가는 방식으로 진행된다. 시험 시작 전에 2분간 연습이 주어지고 전반부 15분, 휴식 5분, 후반부 15분으로 진행된다. 시간은 시행하는 곳마다 다를 수 있고 결과의 판단은 각 행의 마지막 계삭이 있던 곳에 작업량 곡선을 표기하고 오답을 검사한다고 한다.

(2) Kraepelin 작업 5요인설

Kraepelin은 연속 덧셈의 결과 곡선을 다음과 같은 5가지 요소에 의거해 진단하였다.

① **추동(drive)** : 처음 시작할 때 과도하게 진행하는 것을 의미한다. 도입부이므로 의욕도 높고 피로도도 적어서 작업량이 많다.

② **흥분(excitement)** : 흥분 정도에 따라서 곡선의 기복이 나타난다.

③ **견험(experience)** : 학습 효과로 인해 어떻게 하는 건지 익혔음이 곡선에 보인다.

④ **피로(fatigue)** : 시간이 갈수록 지치고 반복에 의해 집중력이 떨어지므로 작업량이 줄어든디.

⑤ **연습(practice)** : 횟수를 거듭할수록 익숙해져서 작업량이 증가한다. 후반부에는 연습과 피로 효과가 동시에 일어난다.

(3) UK검사로 측정되는 것

① 능력 : 일정 시간 동안 주어진 일을 수행할 수 있는 능력의 측정

② 흥미 : 일정 시간 동안 주어진 일에 대해 보이는 흥미의 정도(변덕스러움)를 측정

③ 성격 : 대상자가 나타내는 일관적인 기질을 확인

(4) 일반적인 작업 곡선

① 전반, 후반 모두 처음 1분의 작업량이 많다.

② 대체적으로 2분 이후 작업이 저하되었다가 다시 많아진다.

③ 대체적으로 전기보다 후기의 작업량이 많다(휴식효과).

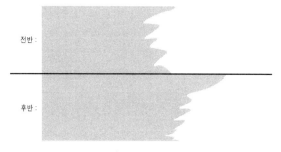

(5) 비정상인의 작업곡선

① 초두노력 부족 : 전반, 후반 모두 처음 1분간의 작업량이 눈에 띄게 높지 않다.

② 휴식효과 부족 : 중간에 5분 쉬었는데도 후반의 전체적인 작업량이 증가하지 않는다.

③ 작업량이 일정하지 않음 : 각 행 사이의 작업량이 많고 적음의 차가 극단적이다.

④ 긴장하지 않음 : 작업량이 월등히 적고 아래 행으로 갈수록 작업량이 계속 줄어든다.

⑤ 비정상자 : 오답이 너무 많다.

(6) 예시문제 1

① 전반부

```
5 7 8 4 2 3 6 1 8 9 7 2 1 7 8 9 5 7 8 5 1 8 4 5 6 9 2 3 8
2 8 6 2 4 3 2 4 8 1 9 4 6 5 3 2 1 4 8 4 3 7 1 8 2 5 2 5 8
4 2 5 8 9 1 7 5 3 6 4 8 9 5 2 3 4 1 2 4 9 1 8 2 4 6 1 2 3
2 8 9 5 7 2 6 5 2 7 5 1 6 8 5 4 6 1 2 7 4 5 2 8 6 8 7 5 7
1 3 3 6 1 8 9 7 2 1 3 7 8 5 7 8 4 2 7 5 8 2 3 4 7 1 2 1 5
3 2 4 1 5 9 4 2 2 7 5 4 6 9 1 8 2 4 7 6 7 8 1 2 8 9 5 9 5
5 9 5 4 7 5 3 2 7 1 4 6 4 7 8 4 9 1 5 3 2 4 5 8 5 2 1 3 2
4 4 3 9 5 3 1 1 2 7 8 2 5 8 3 9 4 6 7 5 1 2 8 9 7 3 5 8 4
2 8 5 6 7 1 5 5 3 7 4 7 8 5 9 1 2 6 2 9 6 2 5 6 6 7 4 1 5
1 5 8 3 7 2 4 3 7 4 5 6 9 8 7 1 2 3 5 4 6 8 8 5 3 1 3 1 2
2 3 8 4 6 7 9 5 2 9 5 1 3 7 4 5 1 7 8 5 9 8 2 3 4 1 5 5 7
2 5 5 7 4 9 5 9 5 2 3 5 6 4 6 7 4 6 9 8 5 2 5 3 1 5 6 7 9
```

② 후반부

```
5 7 8 5 1 8 4 5 6 9 2 3 8 2 8 6 2 4 3 2 4 8 1 9 4 6 5 3 5
6 7 9 5 2 9 5 1 3 7 4 5 1 7 8 5 9 4 2 5 8 9 1 7 5 3 6 2 4
2 1 4 8 4 3 7 1 8 2 5 2 4 8 4 3 7 4 5 6 9 8 7 1 2 3 5 4 1
9 5 2 3 4 1 2 4 9 1 8 2 4 6 1 2 3 2 1 6 4 6 7 4 6 3 6 1 9
8 9 7 2 1 7 8 9 5 7 8 8 5 4 6 1 2 7 4 5 2 8 6 8 8 7 5 7 5 8
1 5 5 3 7 4 7 8 5 9 1 1 5 8 6 1 3 3 7 1 2 1 5 2 4 1 5 5 3
9 4 2 2 7 5 4 6 9 1 8 2 4 7 6 7 8 1 2 8 9 5 9 5 6 8 4 3 1
3 5 6 1 8 9 7 5 8 2 3 4 5 9 5 4 7 5 3 2 7 1 4 6 4 7 8 4 6
1 9 1 5 3 2 4 5 8 5 2 1 3 2 4 4 3 9 5 3 1 1 4 2 5 5 7 4 8
2 9 5 9 5 2 2 7 8 2 5 8 3 9 4 6 7 5 1 2 8 9 7 3 5 8 4 6 5
2 8 5 6 7 2 9 6 2 5 6 6 7 4 1 5 2 9 8 5 2 5 3 1 5 8 3 7 2
3 6 8 8 5 3 1 3 1 2 2 1 3 7 8 5 7 8 4 2 7 2 3 8 4 8 2 3 1
```

(7) 예시문제 2

① 전반부

```
8 5 6 7 5 9 4 2 8 6 3 4 8 7 5 6 1 2 7 1 5 7 8 9 1 5 2 3 4
1 2 3 4 1 5 9 7 3 1 3 0 1 7 3 8 9 1 7 3 7 5 2 4 6 1 3 5 1
2 5 8 7 6 3 4 9 7 8 5 1 1 7 9 2 2 3 8 9 4 5 7 2 3 9 1 4 8
1 2 2 3 2 4 3 4 8 8 6 5 5 6 1 2 7 3 9 4 8 5 6 7 4 2 3 8 6
1 2 3 6 7 2 8 4 1 6 8 9 0 7 6 0 7 9 1 3 4 6 6 5 1 0 9 7 2
6 3 3 7 1 2 1 5 8 2 5 2 4 8 5 1 8 3 4 0 8 7 9 1 2 4 5 5 7
3 2 5 8 9 1 3 7 5 2 0 7 4 7 8 1 0 3 7 6 4 8 7 9 1 7 2 0 4
6 5 3 1 3 1 2 2 1 3 7 8 6 1 5 0 7 6 1 3 0 7 1 5 1 3 0 7 6
6 9 7 8 7 0 1 2 3 6 4 5 7 0 7 8 9 1 2 5 3 4 7 6 2 8 8 3 1
4 0 9 7 0 2 7 3 1 9 7 8 6 1 8 7 3 5 1 6 2 5 0 4 5 6 0 5 6
3 7 8 9 5 7 2 0 9 7 1 1 5 6 5 8 2 1 5 2 4 1 5 5 3 5 5 0 7
8 6 0 7 3 7 5 1 3 6 9 7 0 9 8 1 3 5 7 2 8 6 4 1 8 3 5 7 0
```

② 후반부

```
2 9 5 9 5 2 2 7 1 2 8 9 7 3 5 8 4 6 5 5 9 5 9 5 2 3 4 6 1
2 3 2 1 6 4 6 7 4 6 3 6 1 9 2 4 3 2 4 8 1 9 4 6 5 3 5 5 2
5 3 1 5 8 3 7 2 9 6 1 2 7 4 5 2 8 6 8 7 5 7 5 8 4 1 2 4 9
1 8 2 1 5 5 3 7 4 7 8 5 9 1 1 3 3 6 8 8 5 3 1 3 1 2 2 1 0
3 7 8 5 7 8 4 2 7 2 3 8 4 8 2 3 1 4 5 8 3 1 1 4 2 5 5 7 8
4 8 5 7 8 5 1 8 4 5 6 9 2 3 8 2 8 6 2 9 5 1 3 7 4 5 1 7 7
1 8 2 5 2 4 8 4 3 7 4 5 6 9 8 7 1 2 3 5 4 7 2 1 1 9 1 5 3
5 8 6 1 3 3 7 1 2 1 5 2 4 1 5 5 3 9 4 2 2 7 5 4 6 9 1 8 5
2 4 7 6 8 4 8 1 8 5 9 4 2 5 8 9 1 2 8 5 6 7 2 9 6 2 5 6 6
7 4 1 5 2 9 8 4 5 2 1 3 2 4 4 3 9 5 6 7 8 8 2 5 8 3 9 4 8
6 7 5 1 2 8 9 3 5 6 1 8 9 7 5 8 2 3 4 5 9 5 4 7 5 3 2 7 1
1 4 6 4 7 8 4 6 7 8 9 5 7 8 8 5 6 7 9 5 7 5 3 6 2 2 4 5 7
```

03 실전 인성검사

┃1~400┃ 다음 ( ) 안에 당신에게 적합하다면 YES, 그렇지 않다면 NO를 선택하시오(인성검사는 응시자의 인성을 파악하기 위한 자료이므로 정답이 존재하지 않습니다).

	YES	NO
1. 조금이라도 나쁜 소식은 절망의 시작이라고 생각해버린다.	( )	( )
2. 언제나 실패가 걱정이 되어 어쩔 줄 모른다.	( )	( )
3. 다수결의 의견에 따르는 편이다.	( )	( )
4. 혼자서 커피숍에 들어가는 것은 전혀 두려운 일이 아니다.	( )	( )
5. 승부근성이 강하다.	( )	( )
6. 자주 흥분해서 침착하지 못하다.	( )	( )
7. 지금까지 살면서 타인에게 폐를 끼친 적이 없다.	( )	( )
8. 소곤소곤 이야기하는 것을 보면 자기에 대해 험담하고 있는 것으로 생각된다.	( )	( )
9. 무엇이든지 자기가 나쁘다고 생각하는 편이다.	( )	( )
10. 자신을 변덕스러운 사람이라고 생각한다.	( )	( )
11. 고독을 즐기는 편이다.	( )	( )
12. 자존심이 강하다고 생각한다.	( )	( )
13. 금방 흥분하는 성격이다.	( )	( )
14. 거짓말을 한 적이 없다.	( )	( )
15. 신경질적인 편이다.	( )	( )
16. 끙끙대며 고민하는 타입이다.	( )	( )
17. 감정적인 사람이라고 생각한다.	( )	( )
18. 자신만의 신념을 가지고 있다.	( )	( )
19. 다른 사람을 바보 같다고 생각한 적이 있다.	( )	( )
20. 금방 말해버리는 편이다.	( )	( )
21. 싫어하는 사람이 없다.	( )	( )
22. 대재앙이 오지 않을까 항상 걱정을 한다.	( )	( )
23. 쓸데없는 고생을 하는 일이 많다.	( )	( )
24. 자주 생각이 바뀌는 편이다.	( )	( )

25. 문제점을 해결하기 위해 여러 사람과 상의한다. ································ ( )( )

26. 내 방식대로 일을 한다. ·· ( )( )

27. 영화를 보고 운 적이 많다. ·· ( )( )

28. 어떤 것에 대해서도 화낸 적이 없다. ·· ( )( )

29. 사소한 충고에도 걱정을 한다. ·· ( )( )

30. 자신은 도움이 안 되는 사람이라고 생각한다. ·································· ( )( )

31. 금방 싫증을 내는 편이다. ··· ( )( )

32. 개성적인 사람이라고 생각한다. ·· ( )( )

33. 자기주장이 강한 편이다. ·· ( )( )

34. 뒤숭숭하다는 말을 들은 적이 있다. ·· ( )( )

35. 학교를 쉬고 싶다고 생각한 적이 한 번도 없다. ······························ ( )( )

36. 사람들과 관계 맺는 것을 잘하지 못한다. ·· ( )( )

37. 사려 깊은 편이다. ··· ( )( )

38. 몸을 움직이는 것을 좋아한다. ·· ( )( )

39. 끈기가 있는 편이다. ··· ( )( )

40. 신중한 편이라고 생각한다. ·· ( )( )

41. 인생의 목표는 큰 것이 좋다. ··· ( )( )

42. 어떤 일이라도 바로 시작하는 타입이다. ·· ( )( )

43. 낯가림을 하는 편이다. ·· ( )( )

44. 생각하고 나서 행동하는 편이다. ·· ( )( )

45. 쉬는 날은 밖으로 나가는 경우가 많다. ··· ( )( )

46. 시작한 일은 반드시 완성시킨다. ·· ( )( )

47. 면밀한 계획을 세운 여행을 좋아한다. ··· ( )( )

48. 야망이 있는 편이라고 생각한다. ·· ( )( )

49. 활동력이 있는 편이다. ·· ( )( )

50. 많은 사람들과 왁자지껄하게 식사하는 것을 좋아하지 않는다. ············ ( )( )

51. 돈을 허비한 적이 없다. ·· ( )( )

52. 어릴적에 운동회를 아주 좋아하고 기대했다. ···································· ( )( )

53. 하나의 취미에 열중하는 타입이다. ··· ( )( )

54. 모임에서 리더에 어울린다고 생각한다. ··· ( )( )

55. 입신출세의 성공이야기를 좋아한다. ·······························( )( )

56. 어떠한 일도 의욕을 가지고 임하는 편이다. ·····················( )( )

57. 학급에서는 존재가 희미했다. ····································( )( )

58. 항상 무언가를 생각하고 있다. ···································( )( )

59. 스포츠는 보는 것보다 하는 게 좋다. ····························( )( )

60. '참 잘했네요'라는 말을 자주 듣는다. ····························( )( )

61. 흐린 날은 반드시 우산을 가지고 간다. ··························( )( )

62. 주연상을 받을 수 있는 배우를 좋아한다. ························( )( )

63. 공격하는 타입이라고 생각한다. ··································( )( )

64. 리드를 받는 편이다. ··( )( )

65. 너무 신중해서 기회를 놓친 적이 있다. ··························( )( )

66. 시원시원하게 움직이는 타입이다. ·······························( )( )

67. 야근을 해서라도 업무를 끝낸다. ································( )( )

68. 누군가를 방문할 때는 반드시 사전에 확인한다. ·················( )( )

69. 노력해도 결과가 따르지 않으면 의미가 없다. ····················( )( )

70. 무조건 행동해야 한다. ··( )( )

71. 유행에 둔감하다고 생각한다. ····································( )( )

72. 정해진 대로 움직이는 것은 시시하다. ··························( )( )

73. 꿈을 계속 가지고 있고 싶다. ····································( )( )

74. 질서보다 자유를 중요시하는 편이다. ····························( )( )

75. 혼자서 취미에 몰두하는 것을 좋아한다. ·························( )( )

76. 직관적으로 판단하는 편이다. ····································( )( )

77. 영화나 드라마를 보면 등장인물의 감정에 이입된다. ··············( )( )

78. 시대의 흐름에 역행해서라도 자신을 관철하고 싶다. ··············( )( )

79. 다른 사람의 소문에 관심이 없다. ·······························( )( )

80. 창조적인 편이다. ··( )( )

81. 비교적 눈물이 많은 편이다. ·····································( )( )

82. 융통성이 있다고 생각한다. ·····································( )( )

83. 친구의 휴대전화 번호를 잘 모른다. ····························( )( )

84. 스스로 고안하는 것을 좋아한다. ································( )( )

85. 정이 두터운 사람으로 남고 싶다. ································ ( )( )

86. 조직의 일원으로 별로 안 어울린다. ······················ ( )( )

87. 세상의 일에 별로 관심이 없다. ··························· ( )( )

88. 변화를 추구하는 편이다. ································· ( )( )

89. 업무는 인간관계로 선택한다. ··························· ( )( )

90. 환경이 변하는 것에 구애되지 않는다. ··················· ( )( )

91. 불안감이 강한 편이다. ································· ( )( )

92. 인생은 살 가치가 없다고 생각한다. ····················· ( )( )

93. 의지가 약한 편이다. ··································· ( )( )

94. 다른 사람이 하는 일에 별로 관심이 없다. ················ ( )( )

95. 사람을 설득시키는 것은 어렵지 않다. ··················· ( )( )

96. 심심한 것을 못 참는다. ································· ( )( )

97. 다른 사람을 욕한 적이 한 번도 없다. ··················· ( )( )

98. 다른 사람에게 어떻게 보일지 신경을 쓴다. ··············· ( )( )

99. 금방 낙심하는 편이다. ································· ( )( )

100. 다른 사람에게 의존하는 경향이 있다. ·················· ( )( )

101. 그다지 융통성이 있는 편이 아니다. ···················· ( )( )

102. 다른 사람이 내 의견에 간섭하는 것이 싫다. ············· ( )( )

103. 낙천적인 편이다. ····································· ( )( )

104. 숙제를 잊어버린 적이 한 번도 없다. ··················· ( )( )

105. 밤길에는 발소리가 들리기만 해도 불안하다. ············· ( )( )

106. 상냥하다는 말을 들은 적이 있다. ····················· ( )( )

107. 자신은 유치한 사람이다. ······························ ( )( )

108. 잡담을 하는 것보다 책을 읽는 것이 낫다. ··············· ( )( )

109. 나는 영업에 적합한 타입이라고 생각한다. ··············· ( )( )

110. 술자리에서 술을 마시지 않아도 흥을 돋울 수 있다. ········ ( )( )

111. 한 번도 병원에 간 적이 없다. ························· ( )( )

112. 나쁜 일은 걱정이 되어서 어쩔 줄을 모른다. ············· ( )( )

113. 금세 무기력해지는 편이다. ···························· ( )( )

114. 비교적 고분고분한 편이라고 생각한다. ················· ( )( )

115. 독자적으로 행동하는 편이다. ……………………………………………… (   )(   )

116. 적극적으로 행동하는 편이다. ……………………………………………… (   )(   )

117. 금방 감격하는 편이다. ……………………………………………………… (   )(   )

118. 어떤 것에 대해서는 불만을 가진 적이 없다. ………………………… (   )(   )

119. 밤에 못 잘 때가 많다. ……………………………………………………… (   )(   )

120. 자주 후회하는 편이다. ……………………………………………………… (   )(   )

121. 뜨거워지기 쉽고 식기 쉽다. ……………………………………………… (   )(   )

122. 자신만의 세계를 가지고 있다. …………………………………………… (   )(   )

123. 많은 사람 앞에서도 긴장하는 일은 없다. ……………………………… (   )(   )

124. 말하는 것을 아주 좋아한다. ……………………………………………… (   )(   )

125. 인생을 포기하는 마음을 가진 적이 한 번도 없다. …………………… (   )(   )

126. 어두운 성격이다. ……………………………………………………………… (   )(   )

127. 금방 반성한다. ………………………………………………………………… (   )(   )

128. 활동범위가 넓은 편이다. …………………………………………………… (   )(   )

129. 자신을 끈기 있는 사람이라고 생각한다. ……………………………… (   )(   )

130. 좋다고 생각하더라도 좀 더 검토하고 나서 실행한다. ……………… (   )(   )

131. 위대한 인물이 되고 싶다. …………………………………………………… (   )(   )

132. 한 번에 많은 일을 떠맡아도 힘들지 않다. …………………………… (   )(   )

133. 사람과 만날 약속은 부담스럽다. ………………………………………… (   )(   )

134. 질문을 받으면 충분히 생각하고 나서 대답하는 편이다. …………… (   )(   )

135. 머리를 쓰는 것보다 땀을 흘리는 일이 좋다. ………………………… (   )(   )

136. 결정한 것에는 철저히 구속받는다. ……………………………………… (   )(   )

137. 외출 시 문을 잠갔는지 몇 번을 확인한다. …………………………… (   )(   )

138. 이왕 할 거라면 일등이 되고 싶다. ……………………………………… (   )(   )

139. 과감하게 도전하는 타입이다. …………………………………………… (   )(   )

140. 자신은 사교적이 아니라고 생각한다. ………………………………… (   )(   )

141. 무심코 도리에 대해서 말하고 싶어진다. ……………………………… (   )(   )

142. '항상 건강하네요'라는 말을 듣는다. …………………………………… (   )(   )

143. 단념하면 끝이라고 생각한다. …………………………………………… (   )(   )

144. 예상하지 못한 일은 하고 싶지 않다. ………………………………… (   )(   )

145. 파란만장하더라도 성공하는 인생을 걸고 싶다. ······················( )( )

146. 활기찬 편이라고 생각한다. ·····································( )( )

147. 소극적인 편이라고 생각한다. ···································( )( )

148. 무심코 평론가가 되어 버린다. ·································( )( )

149. 자신은 성급하다고 생각한다. ···································( )( )

150. 꾸준히 노력하는 타입이라고 생각한다. ························( )( )

151. 내일의 계획이라도 메모한다. ···································( )( )

152. 리더십이 있는 사람이 되고 싶다. ·····························( )( )

153. 열정적인 사람이라고 생각한다. ·······························( )( )

154. 다른 사람 앞에서 이야기를 잘 하지 못한다. ··················( )( )

155. 통찰력이 있는 편이다. ···( )( )

156. 엉덩이가 가벼운 편이다. ·······································( )( )

157. 여러 가지로 구애됨이 있다. ····································( )( )

158. 돌다리도 두들겨 보고 건너는 쪽이 좋다. ····················( )( )

159. 자신에게는 권력욕이 있다. ·····································( )( )

160. 업무를 할당받으면 기쁘다. ·····································( )( )

161. 사색적인 사람이라고 생각한다. ·······························( )( )

162. 비교적 개혁적이다. ···( )( )

163. 좋고 싫음으로 정할 때가 많다. ································( )( )

164. 전통에 구애되는 것은 버리는 것이 적절하다. ················( )( )

165. 교제 범위가 좁은 편이다. ·······································( )( )

166. 발상의 전환을 할 수 있는 타입이라고 생각한다. ·············( )( )

167. 너무 주관적이어서 실패한다. ···································( )( )

168. 현실적이고 실용적인 면을 추구한다. ·························( )( )

169. 내가 어떤 배우의 팬인지 아무도 모른다. ····················( )( )

170. 현실보다 가능성이다. ···( )( )

171. 마음이 담겨 있으면 선물은 아무 것이나 좋다. ···············( )( )

172. 여행은 마음대로 하는 것이 좋다. ·····························( )( )

173. 추상적인 일에 관심이 있는 편이다. ··························( )( )

174. 일은 대담히 하는 편이다. ······································( )( )

175. 괴로워하는 사람을 보면 우선 동정한다. ·············· ( )( )

176. 가치기준은 자신의 안에 있다고 생각한다. ·············· ( )( )

177. 조용하고 조심스러운 편이다. ······················· ( )( )

178. 상상력이 풍부한 편이라고 생각한다. ··············· ( )( )

179. 의리, 인정이 두터운 상사를 만나고 싶다. ·········· ( )( )

180. 인생의 앞날을 알 수 없어 재미있다. ··············· ( )( )

181. 밝은 성격이다. ··································· ( )( )

182. 별로 반성하지 않는다. ························· ( )( )

183. 활동범위가 좁은 편이다. ··················· ( )( )

184. 자신을 시원시원한 사람이라고 생각한다. ·········· ( )( )

185. 좋다고 생각하면 바로 행동한다. ·············· ( )( )

186. 좋은 사람이 되고 싶다. ··················· ( )( )

187. 한 번에 많은 일을 떠맡는 것은 골칫거리라고 생각한다. ····· ( )( )

188. 사람과 만날 약속은 즐겁다. ················ ( )( )

189. 질문을 받으면 그때의 느낌으로 대답하는 편이다. ······ ( )( )

190. 땀을 흘리는 것보다 머리를 쓰는 일이 좋다. ········· ( )( )

191. 결정한 것이라도 그다지 구속받지 않는다. ·········· ( )( )

192. 외출 시 문을 잠갔는지 별로 확인하지 않는다. ········ ( )( )

193. 지위에 어울리면 된다. ····················· ( )( )

194. 안전책을 고르는 타입이다. ················· ( )( )

195. 자신은 사교적이라고 생각한다. ·············· ( )( )

196. 도리는 상관없다. ······················· ( )( )

197. '침착하시네요'라는 말을 자주 듣는다. ··········· ( )( )

198. 단념이 중요하다고 생각한다. ··············· ( )( )

199. 예상하지 못한 일도 해보고 싶다. ············· ( )( )

200. 평범하고 평온하게 행복한 인생을 살고 싶다. ········· ( )( )

201. 몹시 귀찮아하는 편이라고 생각한다. ··········· ( )( )

202. 특별히 소극적이라고 생각하지 않는다. ··········· ( )( )

203. 이것저것 평하는 것이 싫다. ················ ( )( )

204. 자신은 성급하지 않다고 생각한다. ············· ( )( )

205. 꾸준히 노력하는 것을 잘 하지 못한다. ·····························( )( )

206. 내일의 계획은 머릿속에 기억한다. ·····························( )( )

207. 협동성이 있는 사람이 되고 싶다. ·····························( )( )

208. 열정적인 사람이라고 생각하지 않는다. ·····················( )( )

209. 다른 사람 앞에서 이야기를 잘한다. ·····························( )( )

210. 행동력이 있는 편이다. ···( )( )

211. 엉덩이가 무거운 편이다. ···( )( )

212. 특별히 구애받는 것이 없다. ···( )( )

213. 돌다리는 두들겨 보지 않고 건너도 된다. ·················( )( )

214. 자신에게는 권력욕이 없다. ···( )( )

215. 업무를 할당받으면 부담스럽다. ·································( )( )

216. 활동적인 사람이라고 생각한다. ·································( )( )

217. 비교적 보수적이다. ···( )( )

218. 손해인지 이익인지로 정할 때가 많다. ·····················( )( )

219. 전통을 견실히 지키는 것이 적절하다. ·····················( )( )

220. 교제 범위가 넓은 편이다. ···( )( )

221. 상식적인 판단을 할 수 있는 타입이라고 생각한다. ···········( )( )

222. 너무 객관적이어서 실패한다. ·····································( )( )

223. 보수적인 면을 추구한다. ···( )( )

224. 내가 누구의 팬인지 주변의 사람들이 안다. ·············( )( )

225. 가능성보다 현실이다. ···( )( )

226. 그 사람이 필요한 것을 선물하고 싶다. ·····················( )( )

227. 여행은 계획적으로 하는 것이 좋다. ·························( )( )

228. 구체적인 일에 관심이 있는 편이다. ·························( )( )

229. 일은 착실히 하는 편이다. ···( )( )

230. 괴로워하는 사람을 보면 우선 이유를 생각한다. ·······( )( )

231. 가치기준은 자신의 밖에 있다고 생각한다. ···············( )( )

232. 밝고 개방적인 편이다. ···( )( )

233. 현실 인식을 잘하는 편이라고 생각한다. ···················( )( )

234. 공평하고 공적인 상사를 만나고 싶다. ·····················( )( )

235. 시시해도 계획적인 인생이 좋다. ································( )( )

236. 적극적으로 사람들과 관계를 맺는 편이다. ················( )( )

237. 활동적인 편이다. ························( )( )

238. 몸을 움직이는 것을 좋아하지 않는다. ·················( )( )

239. 쉽게 질리는 편이다. ·······················( )( )

240. 경솔한 편이라고 생각한다. ···················( )( )

241. 인생의 목표는 손이 닿을 정도면 된다. ················( )( )

242. 무슨 일도 좀처럼 시작하지 못한다. ·················( )( )

243. 초면인 사람과도 바로 친해질 수 있다. ···············( )( )

244. 행동하고 나서 생각하는 편이다. ·················( )( )

245. 쉬는 날은 집에 있는 경우가 많다. ···············( )( )

246. 완성되기 전에 포기하는 경우가 많다. ··············( )( )

247. 계획 없는 여행을 좋아한다. ···················( )( )

248. 욕심이 없는 편이라고 생각한다. ·················( )( )

249. 활동력이 별로 없다. ·······················( )( )

250. 많은 사람들과 왁자지껄하게 식사하는 것을 좋아한다. ·······( )( )

251. 이유 없이 불안할 때가 있다. ··················( )( )

252. 주위 사람의 의견을 생각해서 발언을 자제할 때가 있다. ·····( )( )

253. 자존심이 강한 편이다. ·····················( )( )

254. 생각 없이 함부로 말하는 경우가 많다. ··············( )( )

255. 정리가 되지 않은 방에 있으면 불안하다. ·············( )( )

256. 거짓말을 한 적이 한 번도 없다. ················( )( )

257. 슬픈 영화나 TV를 보면 자주 운다. ···············( )( )

258. 자신을 충분히 신뢰할 수 있다고 생각한다. ············( )( )

259. 노래방을 아주 좋아한다. ····················( )( )

260. 자신만이 할 수 있는 일을 하고 싶다. ···············( )( )

261. 자신을 과소평가하는 경향이 있다. ················( )( )

262. 책상 위나 서랍 안은 항상 깔끔히 정리한다. ···········( )( )

263. 건성으로 일을 할 때가 자주 있다. ···············( )( )

264. 남의 험담을 한 적이 없다. ···················( )( )

265. 쉽게 화를 낸다는 말을 듣는다. ……………………………………………( )( )

266. 초초하면 손을 떨고, 심장박동이 빨라진다. ……………………………( )( )

267. 토론하여 진 적이 한 번도 없다. ……………………………………………( )( )

268. 덩달아 떠든다고 생각할 때가 자주 있다. ………………………………( )( )

269. 아첨에 넘어가기 쉬운 편이다. ……………………………………………( )( )

270. 주변 사람이 자기 험담을 하고 있다고 생각할 때가 있다. ……………( )( )

271. 이론만 내세우는 사람과 대화하면 짜증이 난다. ………………………( )( )

272. 상처를 주는 것도, 받는 것도 싫다. ………………………………………( )( )

273. 매일 그날을 반성한다. ………………………………………………………( )( )

274. 주변 사람이 피곤해 하여도 자신은 원기왕성하다. ……………………( )( )

275. 친구를 재미있게 하는 것을 좋아한다. ……………………………………( )( )

276. 아침부터 아무것도 하고 싶지 않을 때가 있다. …………………………( )( )

277. 지각을 하면 학교를 결석하고 싶어졌다. ………………………………( )( )

278. 이 세상에 없는 세계가 존재한다고 생각한다. …………………………( )( )

279. 하기 싫은 것을 하고 있으면 무심코 불만을 말한다. …………………( )( )

280. 투지를 드러내는 경향이 있다. ……………………………………………( )( )

281. 뜨거워지기 쉽고 식기 쉬운 성격이다. ……………………………………( )( )

282. 어떤 일이라도 헤쳐 나가는데 자신이 있다. ……………………………( )( )

283. 착한 사람이라는 말을 들을 때가 많다. …………………………………( )( )

284. 자신을 다른 사람보다 뛰어나다고 생각한다. …………………………( )( )

285. 개성적인 사람이라는 말을 자주 듣는다. ………………………………( )( )

286. 누구와도 편하게 대화할 수 있다. …………………………………………( )( )

287. 특정 인물이나 집단에서라면 가볍게 대화할 수 있다. …………………( )( )

288. 사물에 대해 깊이 생각하는 경향이 있다. ………………………………( )( )

289. 스트레스를 해소하기 위해 집에서 조용히 지낸다. ……………………( )( )

290. 계획을 세워서 행동하는 것을 좋아한다. ………………………………( )( )

291. 현실적인 편이다. ……………………………………………………………( )( )

292. 주변의 일을 성급하게 해결한다. …………………………………………( )( )

293. 이성적인 사람이 되고 싶다고 생각한다. ………………………………( )( )

294. 생각한 일을 행동으로 옮기지 않으면 기분이 찜찜하다. ………………( )( )

295. 생각했다고 해서 꼭 행동으로 옮기는 것은 아니다. ·····················( )( )

296. 목표 달성을 위해서는 온갖 노력을 다한다. ·····························( )( )

297. 적은 친구랑 깊게 사귀는 편이다. ·····································( )( )

298. 경쟁에서 절대로 지고 싶지 않다. ·····································( )( )

299. 내일해도 되는 일을 오늘 안에 끝내는 편이다. ·······················( )( )

300. 새로운 친구를 곧 사귈 수 있다. ·····································( )( )

301. 문장은 미리 내용을 결정하고 나서 쓴다. ·····························( )( )

302. 사려 깊은 사람이라는 말을 듣는 편이다. ·····························( )( )

303. 활발한 사람이라는 말을 듣는 편이다. ·································( )( )

304. 기회가 있으면 꼭 얻는 편이다. ·······································( )( )

305. 외출이나 초면의 사람을 만나는 일은 잘 하지 못한다. ···············( )( )

306. 단념하는 것은 있을 수 없다. ···( )( )

307. 위험성을 무릅쓰면서 성공하고 싶다고 생각하지 않는다. ·············( )( )

308. 학창시절 체육수업을 좋아했다. ·······································( )( )

309. 휴일에는 집 안에서 편안하게 있을 때가 많다. ·······················( )( )

310. 무슨 일도 결과가 중요하다. ···( )( )

311. 성격이 유연하게 대응하는 편이다. ···································( )( )

312. 더 높은 능력이 요구되는 일을 하고 싶다. ···························( )( )

313. 자기 능력의 범위 내에서 정확히 일을 하고 싶다. ···················( )( )

314. 새로운 사람을 만날 때는 두근거린다. ·······························( )( )

315. '누군가 도와주지 않을까'라고 생각하는 편이다. ·····················( )( )

316. 건강하고 활발한 사람을 동경한다. ···································( )( )

317. 친구가 적은 편이다. ···( )( )

318. 문장을 쓰면서 생각한다. ···( )( )

319. 정해진 친구만 교제한다. ···( )( )

320. 한 우물만 파고 싶다. ···( )( )

321. 여러가지 일을 경험하고 싶다. ·······································( )( )

322. 스트레스를 해소하기 위해 몸을 움직인다. ···························( )( )

323. 사물에 대해 가볍게 생각하는 경향이 있다. ···························( )( )

324. 기한이 정해진 일은 무슨 일이 있어도 끝낸다. ·······················( )( )

325. 결론이 나도 여러 번 생각을 하는 편이다. ·······························( )( )

326. 일단 무엇이든지 도전하는 편이다. ·································( )( )

327. 쉬는 날은 외출하고 싶다. ·······································( )( )

328. 사교성이 있는 편이라고 생각한다. ·································( )( )

329. 남의 앞에 나서는 것을 잘 하지 못하는 편이다. ·····················( )( )

330. 모르는 것이 있어도 행동하면서 생각한다. ·························( )( )

331. 납득이 안되면 행동이 안 된다. ··································( )( )

332. 약속시간에 여유를 가지고 약간 빨리 나가는 편이다. ·················( )( )

333. 현실적이다. ···( )( )

334. 끝까지 해내는 편이다. ··( )( )

335. 유연히 대응하는 편이다. ··( )( )

336. 휴일에는 운동 등으로 몸을 움직일 때가 많다. ·····················( )( )

337. 학창시절 체육수업을 못했다. ·····································( )( )

338. 성공을 위해서는 어느 정도의 위험성을 감수한다. ···················( )( )

339. 단념하는 것이 필요할 때도 있다. ·································( )( )

340. '내가 안하면 누가 할것인가'라고 생각하는 편이다. ·················( )( )

341. 새로운 사람을 만날 때는 용기가 필요하다. ·························( )( )

342. 친구가 많은 편이다. ··( )( )

343. 차분하고 사려깊은 사람을 동경한다. ·······························( )( )

344. 결론이 나면 신속히 행동으로 옮겨진다. ···························( )( )

345. 기한 내에 끝내지 못하는 일이 있다. ·······························( )( )

346. 이유없이 불안할 때가 있다. ······································( )( )

347. 주위 사람의 의견을 생각해서 발언을 자제할 때가 있다. ··············( )( )

348. 자존심이 강한 편이다. ··( )( )

349. 생각없이 함부로 말하는 경우가 많다. ·····························( )( )

350. 정리가 되지 않은 방에 있으면 불안하다. ···························( )( )

351. 거짓말을 한 적이 한 번도 없다. ··································( )( )

352. 슬픈 영화나 TV를 보면 자주 운다. ·······························( )( )

353. 자신을 충분히 신뢰할 수 있다고 생각한다. ·························( )( )

354. 노래방을 아주 좋아한다. ···( )( )

355. 자신만이 할 수 있는 일을 하고 싶다. ···································· (   )(   )

356. 자신을 과소평가하는 경향이 있다. ······································ (   )(   )

357. 화장실 청소가 즐겁다. ··· (   )(   )

358. 건성으로 일을 할 때가 자주 있다. ······································ (   )(   )

359. 남의 험담을 한 적이 없다. ··· (   )(   )

360. 쉽게 화를 낸다는 말을 듣는다. ·· (   )(   )

361. 초초하면 손을 떨고, 심장박동이 빨라진다. ························· (   )(   )

362. 토론하여 진 적이 한 번도 없다. ·· (   )(   )

363. 덩달아 떠든다고 생각할 때가 자주 있다. ···························· (   )(   )

364. 아첨에 넘어가기 쉬운 편이다. ··· (   )(   )

365. 주변 사람이 자기 험담을 하고 있다고 생각할 때가 있다. ········ (   )(   )

366. 이론만 내세우는 사람과 대화하면 짜증이 난다. ···················· (   )(   )

367. 상처를 주는 것도, 받는 것도 싫다. ···································· (   )(   )

368. 매일 그날을 반성한다. ··· (   )(   )

369. 주변 사람이 피곤해하여도 자신은 원기왕성하다. ·················· (   )(   )

370. 친구를 재미있게 하는 것을 좋아한다. ································· (   )(   )

371. 아침부터 아무것도 하고 싶지 않을 때가 있다. ····················· (   )(   )

372. 지각을 하면 학교를 결석하고 싶어졌다. ······························ (   )(   )

373. 이 세상에 없는 세계가 존재한다고 생각한다. ······················ (   )(   )

374. 하기 싫은 것을 하고 있으면 무심코 불만을 말한다. ·············· (   )(   )

375. 투지를 드러내는 경향이 있다. ··· (   )(   )

376. 뜨거워지기 쉽고 식기 쉬운 성격이다. ································· (   )(   )

377. 어떤 일이라도 헤쳐 나가는데 자신이 있다. ························· (   )(   )

378. 착한 사람이라는 말을 들을 때가 많다. ······························· (   )(   )

379. 자신을 다른 사람보다 뛰어나다고 생각한다. ······················· (   )(   )

380. 개성적인 사람이라는 말을 자주 듣는다. ······························ (   )(   )

381. 누구와도 편하게 대화할 수 있다. ······································ (   )(   )

382. 특정 인물이나 집단에서라면 가볍게 대화할 수 있다. ············· (   )(   )

383. 사물에 대해 깊이 생각하는 경향이 있다. ···························· (   )(   )

384. 스트레스를 해소하기 위해 집에서 조용히 지낸다. ················· (   )(   )

385. 계획을 세워서 행동하는 것을 좋아한다. ·· (   )(   )

386. 현실적인 편이다. ·· (   )(   )

387. 주변의 일을 성급하게 해결한다. ··· (   )(   )

388. 이성적인 사람이 되고 싶다고 생각한다. ··· (   )(   )

389. 생각한 일을 행동으로 옮기지 않으면 기분이 찜찜하다. ·············· (   )(   )

390. 생각했다고 해서 꼭 행동으로 옮기는 것은 아니다. ····················· (   )(   )

391. 목표 달성을 위해서는 온갖 노력을 다한다. ····································· (   )(   )

392. 적은 친구랑 깊게 사귀는 편이다. ··· (   )(   )

393. 경쟁에서 절대로 지고 싶지 않다. ··· (   )(   )

394. 내일해도 되는 일을 오늘 안에 끝내는 편이다. ······························· (   )(   )

395. 새로운 친구를 곧 사귈 수 있다. ··· (   )(   )

396. 문장은 미리 내용을 결정하고 나서 쓴다. ··· (   )(   )

397. 사려 깊은 사람이라는 말을 듣는 편이다. ··· (   )(   )

398. 활발한 사람이라는 말을 듣는 편이다. ··· (   )(   )

399. 기회가 있으면 꼭 얻는 편이다. ··· (   )(   )

400. 외출이나 초면의 사람을 만나는 일은 잘 하지 못한다. ·················· (   )(   )

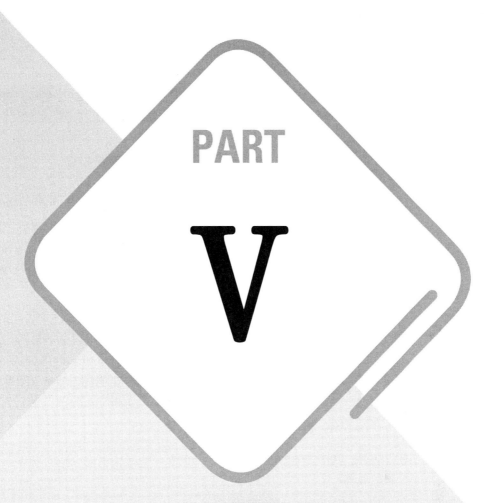

PART

V

면접

01 면접의 기본

1 면접 준비

(1) 면접의 기본 원칙

① **면접의 의미** … 면접이란 다양한 면접기법을 활용하여 지원한 직무에 필요한 능력을 지원자가 보유하고 있는지를 확인하는 절차라고 할 수 있다. 즉, 지원자의 입장에서는 채용 직무수행에 필요한 요건들과 관련하여 자신의 환경, 경험, 관심사, 성취 등에 대해 기업에 직접 어필할 수 있는 기회를 제공받는 것이며, 기업의 입장에서는 서류전형만으로 알 수 없는 지원자에 대한 정보를 직접적으로 수집하고 평가하는 것이다.

② **면접의 특징** … 면접은 기업의 입장에서 서류전형이나 필기전형에서 드러나지 않는 지원자의 능력이나 성향을 볼 수 있는 기회로, 면대면으로 이루어지며 즉흥적인 질문들이 포함될 수 있기 때문에 지원자가 완벽하게 준비하기 어려운 부분이 있다. 하지만 지원자 입장에서도 서류전형이나 필기전형에서 모두 보여주지 못한 자신의 능력 등을 기업의 인사담당자에게 어필할 수 있는 추가적인 기회가 될 수도 있다.

[서류 · 필기전형과 차별화되는 면접의 특징]

- 직무수행과 관련된 다양한 지원자 행동에 대한 관찰이 가능하다.
- 면접관이 알고자 하는 정보를 심층적으로 파악할 수 있다.
- 서류상의 미비한 사항과 의심스러운 부분을 확인할 수 있다.
- 커뮤니케이션 능력, 대인관계 능력 등 행동 · 언어적 정보도 얻을 수 있다.

③ **면접의 유형**

    ㉠ **구조화 면접** : 구조화 면접은 사전에 계획을 세워 질문의 내용과 방법, 지원자의 답변 유형에 따른 추가 질문과 그에 대한 평가 역량이 정해져 있는 면접 방식으로 표준화 면접이라고도 한다.

- 표준화된 질문이나 평가요소가 면접 전 확정되며, 지원자는 편성된 조나 면접관에 영향을 받지 않고 동일한 질문과 시간을 부여받을 수 있다.
- 조직 또는 직무별로 주요하게 도출된 역량을 기반으로 평가요소가 구성되어, 조직 또는 직무에서 필요한 역량을 가진 지원자를 선발할 수 있다.
- 표준화된 형식을 사용하는 특성 때문에 비구조화 면접에 비해 신뢰성과 타당성, 객관성이 높다.

    ㉡ **비구조화 면접** : 비구조화 면접은 면접 계획을 세울 때 면접 목적만을 명시하고 내용이나 방법은 면접관에게 전적으로 일임하는 방식으로 비표준화 면접이라고도 한다.

- 표준화된 질문이나 평가요소 없이 면접이 진행되며, 편성된 조나 면접관에 따라 지원자에게 주어지는 질문이나 시간이 다르다.
- 면접관의 주관적인 판단에 따라 평가가 이루어져 평가 오류가 빈번히 일어난다.
- 상황 대처나 언변이 뛰어난 지원자에게 유리한 면접이 될 수 있다.

④ 경쟁력 있는 면접 요령
  ㉠ 면접 전에 준비하고 유념할 사항
  - 예상 질문과 답변을 미리 작성한다.
  - 작성한 내용을 문장으로 외우지 않고 키워드로 기억한다.
  - 지원한 회사의 최근 기사를 검색하여 기억한다.
  - 지원한 회사가 속한 산업군의 최근 기사를 검색하여 기억한다.
  - 면접 전 1주일간 이슈가 되는 뉴스를 기억하고 자신의 생각을 반영하여 정리한다.
  - 찬반토론에 대비한 주제를 목록으로 정리하여 자신의 논리를 내세운 예상답변을 작성한다.

  ㉡ 면접장에서 유념할 사항
  - 질문의 의도 파악 : 답변을 할 때에는 질문 의도를 파악하고 그에 충실한 답변이 될 수 있도록 질문사항을 유념해야 한다. 많은 지원자가 하는 실수 중 하나로 답변을 하는 도중 자기 말에 심취되어 질문의 의도와 다른 답변을 하거나 자신이 알고 있는 지식만을 나열하는 경우가 있는데, 이럴 경우 의사소통능력이 부족한 사람으로 인식될 수 있으므로 주의하도록 한다.
  - 답변은 두괄식 : 답변을 할 때에는 두괄식으로 결론을 먼저 말하고 그 이유를 설명하는 것이 좋다. 미괄식으로 답변을 할 경우 용두사미의 답변이 될 가능성이 높으며, 결론을 이끌어 내는 과정에서 논리성이 결여될 우려가 있다. 또한 면접관이 결론을 듣기 전에 말을 끊고 다른 질문을 추가하는 예상치 못한 상황이 발생될 수 있으므로 답변은 자신이 전달하고자 하는 바를 먼저 밝히고 그에 대한 설명을 하는 것이 좋다.
  - 지원한 회사의 기업정신과 인재상을 기억 : 답변을 할 때에는 회사가 원하는 인재라는 인상을 심어주기 위해 지원한 회사의 기업정신과 인재상 등을 염두에 두고 답변을 하는 것이 좋다. 모든 회사에 해당되는 두루뭉술한 답변보다는 지원한 회사에 맞는 맞춤형 답변을 하는 것이 좋다.
  - 나보다는 회사와 사회적 관점에서 답변 : 답변을 할 때에는 자기중심적인 관점을 피하고 좀 더 넓은 시각으로 회사와 국가, 사회적 입장까지 고려하는 인재임을 어필하는 것이 좋다. 자기중심적 시각을 바탕으로 자신의 출세만을 위해 회사에 입사하려는 인상을 심어줄 경우 면접에서 불이익을 받을 가능성이 높다.
  - 난처한 질문은 정직한 답변 : 난처한 질문에 답변을 해야 할 때에는 피하기보다는 정면 돌파로 정직하고 솔직하게 답변하는 것이 좋다. 난처한 부분을 감추고 드러내지 않으려 회피하려는 지원자의 모습은 인사담당자에게 입사 후에도 비슷한 상황에 처했을 때 회피할 수도 있다는 우려를 심어줄 수 있다. 따라서 직장생활에 있어 중요한 덕목 중 하나인 정직을 바탕으로 솔직하게 답변을 하도록 한다.

(2) 면접의 종류 및 준비 전략

① 인성면접

　㉠ 면접 방식 및 판단기준

　　• 면접 방식 : 인성면접은 면접관이 가지고 있는 개인적 면접 노하우나 관심사에 의해 질문을 실시한다. 주로 입사지원서나 자기소개서의 내용을 토대로 지원동기, 과거의 경험, 미래 포부 등을 이야기하도록 하는 방식이다.

　　• 판단기준 : 면접관의 개인적 가치관과 경험, 해당 역량의 수준, 경험의 구체성 · 진실성 등

　㉡ 특징 : 인성면접은 그 방식으로 인해 역량과 무관한 질문들이 많고 지원자에게 주어지는 면접질문, 시간 등이 다를 수 있다. 또한 입사지원서나 자기소개서의 내용을 토대로 하기 때문에 지원자별 질문이 달라질 수 있다.

　㉢ 예시 문항 및 준비전략

　　• 예시 문항

> • 3분 동안 자기소개를 해 보십시오.
> • 자신의 장점과 단점을 말해 보십시오.
> • 학점이 좋지 않은데 그 이유가 무엇입니까?
> • 최근에 인상 깊게 읽은 책은 무엇입니까?
> • 회사를 선택할 때 중요시하는 것은 무엇입니까?
> • 일과 개인생활 중 어느 쪽을 중시합니까?
> • 10년 후 자신은 어떤 모습일 것이라고 생각합니까?
> • 휴학 기간 동안에는 무엇을 했습니까?

　　• 준비전략 : 인성면접은 입사지원서나 자기소개서의 내용을 바탕으로 하는 경우가 많으므로 자신이 작성한 입사지원서와 자기소개서의 내용을 충분히 숙지하도록 한다. 또한 최근 사회적으로 이슈가 되고 있는 뉴스에 대한 견해를 묻거나 시사상식 등에 대한 질문을 받을 수 있으므로 이에 대한 대비도 필요하다. 자칫 부담스러워 보이지 않는 질문으로 가볍게 대답하지 않도록 주의하고 모든 질문에 입사 의지를 담아 성실하게 답변하는 것이 중요하다.

② 발표면접

　㉠ 면접 방식 및 판단기준

　　• 면접 방식 : 지원자가 특정 주제와 관련된 자료를 검토하고 그에 대한 자신의 생각을 면접관 앞에서 주어진 시간 동안 발표하고 추가 질의를 받는 방식으로 진행된다.

　　• 판단기준 : 지원자의 사고력, 논리력, 문제해결력 등

　㉡ 특징 : 발표면접은 지원자에게 과제를 부여한 후, 과제를 수행하는 과정과 결과를 관찰 · 평가한다. 따라서 과제수행 결과뿐 아니라 수행과정에서의 행동을 모두 평가할 수 있다.

© 예시 문항 및 준비전략

• 예시 문항

[신입사원 조기 이직 문제]

※ 지원자는 아래에 제시된 자료를 검토한 뒤, 신입사원 조기 이직의 원인을 크게 3가지로 정리하고 이에 대한 구체적인 개선안을 도출하여 발표해 주시기 바랍니다.

※ 본 과제에 정해진 정답은 없으나 논리적 근거를 들어 개선안을 작성해 주십시오.

• A기업은 동종업계 유사기업들과 비교해 볼 때, 비교적 높은 재무안정성을 유지하고 있으며 업무강도가 그리 높지 않은 것으로 외부에 알려져 있음.

• 최근 조사결과, 동종업계 유사기업들과 연봉을 비교해 보았을 때 연봉 수준도 그리 나쁘지 않은 편이라는 것이 확인되었음.

• 그러나 지난 3년간 1~2년차 직원들의 이직률이 계속해서 증가하고 있는 추세이며, 경영진 회의에서 최우선 해결과제 중 하나로 거론되었음.

• 이에 따라 인사팀에서 현재 1~2년차 사원들을 대상으로 개선되어야 하는 A기업의 조직문화에 대한 설문조사를 실시한 결과, '상명하복식의 의사소통'이 36.7%로 1위를 차지했음.

• 이러한 설문조사와 함께, 신입사원 조기 이직에 대한 원인을 분석한 결과 파랑새 증후군, 셀프홀릭 증후군, 피터팬 증후군 등 3가지로 분류할 수 있었음.

〈동종업계 유사기업들과의 연봉 비교〉

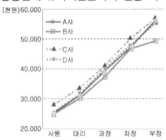

〈우리 회사 조직문화 중 개선되었으면 하는 것〉

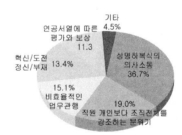

〈신입사원 조기 이직의 원인〉

• 파랑새 증후군
- 현재의 직장보다 더 좋은 직장이 있을 것이라는 막연한 기대감으로 끊임없이 새로운 직장을 탐색함.
- 학력 수준과 맞지 않는 '하향지원', 전공과 적성을 고려하지 않고 일단 취업하고 보자는 '묻지마 지원'이 파랑새 증후군을 초래함.

• 셀프홀릭 증후군
- 본인의 역량에 비해 가치가 낮은 일을 주로 하면서 갈등을 느낌.

• 피터팬 증후군
- 기성세대의 문화를 무조건 수용하기보다는 자유로움과 변화를 추구함.
- 상명하복, 엄격한 규율 등 기성세대가 당연시하는 관행에 거부감을 가지며 직장에 답답함을 느낌.

• 준비전략 : 발표면접의 시작은 과제 안내문과 과제 상황, 과제 자료 등을 정확하게 이해하는 것에서 출발한다. 과제 안내문을 침착하게 읽고 제시된 주제 및 문제와 관련된 상황의 맥락을 파악한 후 과제를 검토한다. 제시된 기사나 그래프 등을 충분히 활용하여 주어진 문제를 해결할 수 있는 해결책이나 대안을 제시하며, 발표를 할 때에는 명확하고 자신 있는 태도로 전달할 수 있도록 한다.

③ 토론면접

㉠ 면접 방식 및 판단기준

• 면접 방식 : 상호갈등적 요소를 가진 과제 또는 공통의 과제를 해결하는 내용의 토론 과제를 제시하고, 그 과정에서 개인 간의 상호작용 행동을 관찰하는 방식으로 면접이 진행된다.

• 판단기준 : 팀워크, 적극성, 갈등 조정, 의사소통능력, 문제해결능력 등

㉡ 특징 : 토론을 통해 도출해 낸 최종안의 타당성도 중요하지만, 결론을 도출해 내는 과정에서의 의사소통능력이나 갈등상황에서 의견을 조정하는 능력 등이 중요하게 평가되는 특징이 있다.

㉢ 예시 문항 및 준비전략

• 예시 문항

> • 군 가산점제 부활에 대한 찬반토론
> • 담뱃값 인상에 대한 찬반토론
> • 비정규직 철폐에 대한 찬반토론
> • 대학의 영어 강의 확대 찬반토론
> • 워크숍 장소 선정을 위한 토론

• 준비전략 : 토론면접은 무엇보다 팀워크와 적극성이 강조된다. 따라서 토론과정에 적극적으로 참여하며 자신의 의사를 분명하게 전달하며, 갈등상황에서 자신의 의견만 내세울 것이 아니라 다른 지원자의 의견을 경청하고 배려하는 모습도 중요하다. 갈등상황을 일목요연하게 정리하여 조정하는 등의 의사소통능력을 발휘하는 것도 좋은 전략이 될 수 있다.

④ 상황면접

㉠ 면접 방식 및 판단기준

• 면접 방식 : 상황면접은 직무 수행 시 접할 수 있는 상황들을 제시하고, 그러한 상황에서 어떻게 행동할 것인지를 이야기하는 방식으로 진행된다.

• 판단기준 : 해당 상황에 적절한 역량의 구현과 구체적 행동지표

㉡ 특징 : 실제 직무 수행 시 접할 수 있는 상황들을 제시하므로 입사 이후 지원자의 업무수행 능력을 평가하는 데 적절한 면접 방식이다. 또한 지원자의 가치관, 태도, 사고방식 등의 요소를 통합적으로 평가하는 데 용이하다.

ⓒ 예시 문항 및 준비전략

• 예시 문항

> 당신은 생산관리팀의 팀원으로, 생산팀이 기한에 맞춰 효율적으로 제품을 생산할 수 있도록 관리하는 역할을 맡고 있습니다. 3개월 뒤에 제품A를 정상적으로 출시하기 위해 생산팀의 생산 계획을 수립한 상황입니다. 그러나 원가가 곧 실적으로 이어지는 구매팀에서는 최대한 원가를 줄여 전반적 단가를 낮추려고 원가절감을 위한 제안을 하였으나, 연구개발팀에서는 구매팀이 제안한 방식으로 제품을 생산할 경우 대부분이 구매팀의 실적으로 산정될 것이므로 제대로 확인도 해보지 않은 채 적합하지 않은 방식이라고 판단하고 있습니다. 당신은 어떻게 하겠습니까?

• 준비전략 : 상황면접은 먼저 주어진 상황에서 핵심이 되는 문제가 무엇인지를 파악하는 것에서 시작한다. 주질문과 세부질문을 통하여 질문의 의도를 파악하였다면, 그에 대한 구체적인 행동이나 생각 등에 대해 응답할수록 높은 점수를 얻을 수 있다.

⑤ 역할면접

㉠ 면접 방식 및 판단기준

• 면접 방식 : 역할면접 또는 역할연기 면접은 기업 내 발생 가능한 상황에서 부딪히게 되는 문제와 역할을 가상적으로 설정하여 특정 역할을 맡은 사람과 상호작용하고 문제를 해결해 나가도록 하는 방식으로 진행된다. 역할연기 면접에서는 면접관이 직접 역할연기를 하면서 지원자를 관찰하기도 하지만, 역할연기 수행만 전문적으로 하는 사람을 투입할 수도 있다.

• 판단기준 : 대처능력, 대인관계능력, 의사소통능력 등

㉡ 특징 : 역할면접은 실제 상황과 유사한 가상 상황에서의 행동을 관찰함으로서 지원자의 성격이나 대처 행동 등을 관찰할 수 있다.

㉢ 예시 문항 및 준비전략

• 예시 문항

> [금융권 역할면접의 예]
> 당신은 ○○은행의 신입 텔러이다. 사람이 많은 월말 오전 한 할아버지(면접관 또는 역할담당자)께서 ○○은행을 사칭한 보이스피싱으로 500만 원을 피해 보았다며 소란을 일으키고 있다. 실제 업무상황이라고 생각하고 상황에 대처해 보시오.

• 준비전략 : 역할연기 면접에서 측정하는 역량은 주로 갈등의 원인이 되는 문제를 해결 하고 제시된 해결방안을 상대방에게 설득하는 것이다. 따라서 갈등해결, 문제해결, 조정 · 통합, 설득력과 같은 역량이 중요시된다. 또한 갈등을 해결하기 위해서 상대방에 대한 이해도 필수적인 요소이므로 고객 지향을 염두에 두고 상황에 맞게 대처해야 한다.

역할면접에서는 변별력을 높이기 위해 면접관이 압박적인 분위기를 조성하는 경우가 많기 때문에 스트레스 상황에서 불안해하지 않고 유연하게 대처할 수 있도록 시간과 노력을 들여 충분히 연습하는 것이 좋다.

(1) 성공적인 이미지 메이킹 포인트

① 복장 및 스타일

ㄱ) 남성

- 양복 : 양복은 단색으로 하며 넥타이나 셔츠로 포인트를 주는 것이 효과적이다. 짙은 회색이나 감청색이 가장 단정하고 품위 있는 인상을 준다.
- 셔츠 : 흰색이 가장 선호되나 자신의 피부색에 맞추는 것이 좋다. 푸른색이나 베이지색은 산뜻한 느낌을 줄 수 있다. 양복과의 배색도 고려하도록 한다.
- 넥타이 : 의상에 포인트를 줄 수 있는 아이템이지만 너무 화려한 것은 피한다. 지원자의 피부색은 물론, 정장과 셔츠의 색을 고려하며, 체격에 따라 넥타이 폭을 조절하는 것이 좋다.
- 구두 & 양말 : 구두는 검정색이나 짙은 갈색이 어느 양복에나 무난하게 어울리며 깔끔하게 닦아 준비한다. 양말은 정장과 동일한 색상이나 검정색을 착용한다.
- 헤어스타일 : 머리스타일은 단정한 느낌을 주는 짧은 헤어스타일이 좋으며 앞머리가 있다면 이마나 눈썹을 가리지 않는 선에서 정리하는 것이 좋다.

ㄴ) 여성

- 의상 : 단정한 스커트 투피스 정장이나 슬랙스 슈트가 무난하다. 블랙이나 그레이, 네이비, 브라운 등 차분해 보이는 색상을 선택하는 것이 좋다.
- 소품 : 구두, 핸드백 등은 같은 계열로 코디하는 것이 좋으며 구두는 너무 화려한 디자인이나 굽이 높은 것을 피한다. 스타킹은 의상과 구두에 맞춰 단정한 것으로 선택한다.
- 액세서리 : 액세서리는 너무 크거나 화려한 것은 좋지 않으며 과하게 많이 하는 것도 좋은 인상을 주지 못한다. 착용하지 않거나 작고 깔끔한 디자인으로 포인트를 주는 정도가 적당하다.
- 메이크업 : 화장은 자연스럽고 밝은 이미지를 표현하는 것이 좋으며 진한 색조는 인상이 강해 보일 수 있으므로 피한다.
- 헤어스타일 : 커트나 단발처럼 짧은 머리는 활동적이면서도 단정한 이미지를 줄 수 있도록 정리한다. 긴 머리의 경우 하나로 묶거나 단정한 머리망으로 정리하는 것이 좋으며, 짙은 염색이나 화려한 웨이브는 피한다.

② 인사

　　㉠ **인사의 의미** : 인사는 예의범절의 기본이며 상대방의 마음을 여는 기본적인 행동이라고 할 수 있다. 인사는 처음 만나는 면접관에게 호감을 살 수 있는 가장 쉬운 방법이 될 수 있기도 하지만 제대로 예의를 지키지 않으면 지원자의 인성 전반에 대한 평가로 이어질 수 있으므로 각별히 주의해야 한다.

　　㉡ **인사의 핵심 포인트**

　　　• 인사말 : 인사말을 할 때에는 밝고 친근감 있는 목소리로 하며, 자신의 이름과 수험번호 등을 간략하게 소개한다.

　　　• 시선 : 인사는 상대방의 눈을 보며 하는 것이 중요하며 너무 빤히 쳐다본다는 느낌이 들지 않도록 주의한다.

　　　• 표정 : 인사는 마음에서 우러나오는 존경이나 반가움을 표현하고 예의를 차리는 것이므로 살짝 미소를 지으며 하는 것이 좋다.

　　　• 자세 : 인사를 할 때에는 가볍게 목만 숙인다거나 흐트러진 상태에서 인사를 하지 않도록 주의하며 절도 있고 확실하게 하는 것이 좋다.

③ 시선처리와 표정, 목소리

　　㉠ **시선처리와 표정** : 표정은 면접에서 지원자의 첫인상을 결정하는 중요한 요소이다. 얼굴표정은 사람의 감정을 가장 잘 표현할 수 있는 의사소통 도구로 표정 하나로 상대방에게 호감을 주거나, 비호감을 사기도 한다. 호감이 가는 인상의 특징은 부드러운 눈썹, 자연스러운 미간, 적당히 볼록한 광대, 올라간 입 꼬리 등으로 가볍게 미소를 지을 때의 표정과 일치한다. 따라서 면접 중에는 밝은 표정으로 미소를 지어 호감을 형성할 수 있도록 한다. 시선은 면접관과 고르게 맞추되 생기 있는 눈빛을 띄도록 하며, 너무 빤히 쳐다본다는 인상을 주지 않도록 한다.

　　㉡ **목소리** : 면접은 주로 면접관과 지원자의 대화로 이루어지므로 목소리가 미치는 영향이 상당하다. 답변을 할 때에는 부드러우면서도 활기차고 생동감 있는 목소리로 하는 것이 면접관에게 호감을 줄 수 있으며 적당한 제스처가 더해진다면 상승효과를 얻을 수 있다. 그러나 적절한 답변을 하였음에도 불구하고 콧소리나 날카로운 목소리, 자신감 없는 작은 목소리는 답변의 신뢰성을 떨어뜨릴 수 있으므로 주의하도록 한다.

④ 자세

　　㉠ **걷는 자세**

　　　• 면접장에 입실할 때에는 상체를 곧게 유지하고 발끝은 평행이 되게 하며 무릎을 스치듯 11자로 걷는다.

　　　• 시선은 정면을 향하고 턱은 가볍게 당기며 어깨나 엉덩이가 흔들리지 않도록 주의한다.

　　　• 발바닥 전체가 닿는 느낌으로 안정감 있게 걸으며 발소리가 나지 않도록 주의한다.

　　　• 보폭은 어깨넓이만큼이 적당하지만, 스커트를 착용했을 경우 보폭을 줄인다.

　　　• 걸을 때도 미소를 유지한다.

ⓒ 서있는 자세
- 몸 전체를 곧게 펴고 가슴을 자연스럽게 내민 후 등과 어깨에 힘을 주지 않는다.
- 정면을 바라본 상태에서 턱을 약간 당기고 아랫배에 힘을 주어 당기며 바르게 선다.
- 양 무릎과 발뒤꿈치는 붙이고 발끝은 11자 또는 V형을 취한다.
- 남성의 경우 팔을 자연스럽게 내리고 양손을 가볍게 쥐어 바지 옆선에 붙이고, 여성의 경우 공수자세를 유지한다.

ⓒ 앉은 자세
- 남성

> - 의자 깊숙이 앉고 등받이와 등 사이에 주먹 1개 정도의 간격을 두며 기대듯 앉지 않도록 주의한다. (남녀 공통 사항)
> - 무릎 사이에 주먹 2개 정도의 간격을 유지하고 발끝은 11자를 취한다.
> - 시선은 정면을 바라보며 턱은 가볍게 당기고 미소를 짓는다. (남녀 공통 사항)
> - 양손은 가볍게 주먹을 쥐고 무릎 위에 올려놓는다.
> - 앉고 일어날 때에는 자세가 흐트러지지 않도록 주의한다. (남녀 공통 사항)

- 여성

> - 스커트를 입었을 경우 왼손으로 뒤쪽 스커트 자락을 누르고 오른손으로 앞쪽 자락을 누르며 의자에 앉는다.
> - 무릎은 붙이고 발끝을 가지런히 하며, 다리를 왼쪽으로 비스듬히 기울이면 여성스러워 보이는 효과가 있다.
> - 양손을 모아 무릎 위에 모아 놓으며 스커트를 입었을 경우 스커트 위를 가볍게 누르듯이 올려놓는다.

(2) 면접 예절

① 행동 관련 예절
　ⓒ **지각은 절대금물** : 시간을 지키는 것은 예절의 기본이다. 지각을 할 경우 면접에 응시할 수 없거나, 면접 기회가 주어지더라도 불이익을 받을 가능성이 높아진다. 따라서 면접장소가 결정되면 교통편과 소요시간을 확인하고 가능하다면 사전에 미리 방문해 보는 것도 좋다. 면접 당일에는 서둘러 출발하여 면접 시간 20~30분 전에 도착하여 회사를 둘러보고 환경에 익숙해지는 것도 성공적인 면접을 위한 요령이 될 수 있다.
　ⓒ **면접 대기 시간** : 지원자들은 대부분 면접장에서의 행동과 답변 등으로만 평가를 받는다고 생각하지만 그렇지 않다. 면접관이 아닌 면접진행자 역시 대부분 인사실무자이며 면접관이 면접 후 지원자에 대한 평가에 있어 확신을 위해 면접진행자의 의견을 구한다면 면접진행자의 의견이 당락에 영향을 줄 수 있다. 따라서 면접 대기 시간에도 행동과 말을 조심해야 하며, 면접을 마치고 돌아가는 순간까지도 긴장을 늦춰서는 안 된다. 면접 중 압박적인 질

문에 답변을 잘 했지만, 면접장을 나와 흐트러진 모습을 보이거나 욕설을 한다면 면접 탈락의 요인이 될 수 있으므로 주의해야 한다.

ⓒ **입실 후 태도** : 본인의 차례가 되어 호명되면 또렷하게 대답하고 들어간다. 만약 면접장 문이 닫혀 있다면 상대에게 소리가 들릴 수 있을 정도로 노크를 두세 번 한 후 대답을 듣고 나서 들어가야 한다. 문을 여닫을 때에는 소리가 나지 않게 조용히 하며 공손한 자세로 인사한 후 성명과 수험번호를 말하고 면접관의 지시에 따라 자리에 앉는다. 이 경우 착석하라는 말이 없는데 먼저 의자에 앉으면 무례한 사람으로 보일 수 있으므로 주의한다. 의자에 앉을 때에는 끝에 앉지 말고 무릎 위에 양손을 가지런히 얹는 것이 예절이라고 할 수 있다.

ⓓ **옷매무새를 자주 고치지 마라.** : 일부 지원자의 경우 옷매무새 또는 헤어스타일을 자주 고치거나 확인하기도 하는데 이러한 모습은 과도하게 긴장한 것 같아 보이거나 면접에 집중하지 못하는 것으로 보일 수 있다. 남성 지원자의 경우 넥타이를 자꾸 고쳐 맨다거나 정장 상의 끝을 너무 자주 만지작거리지 않는다. 여성 지원자는 머리를 계속 쓸어 올리지 않고, 특히 짧은 치마를 입고서 신경이 쓰여 치마를 끌어 내리는 행동은 좋지 않다.

ⓔ **다리를 떨거나 산만한 시선은 면접 탈락의 지름길** : 자신도 모르게 다리를 떨거나 손가락을 만지는 등의 행동을 하는 지원자가 있는데, 이는 면접관의 주의를 끌 뿐만 아니라 불안하고 산만한 사람이라는 느낌을 주게 된다. 따라서 가능한 한 바른 자세로 앉아 있는 것이 좋다. 또한 면접관과 시선을 맞추지 못하고 여기저기 둘러보는 듯한 산만한 시선은 지원자가 거짓말을 하고 있다고 여겨지거나 신뢰할 수 없는 사람이라고 생각될 수 있다.

② 답변 관련 예절

ⓐ **면접관이나 다른 지원자와 가치 논쟁을 하지 않는다.** : 질문을 받고 답변하는 과정에서 면접관 또는 다른 지원자의 의견과 다른 의견이 있을 수 있다. 특히 평소 지원자가 관심이 많은 문제이거나 잘 알고 있는 문제인 경우 자신과 다른 의견에 대해 이의가 있을 수 있다. 하지만 주의할 것은 면접에서 면접관이나 다른 지원자와 가치 논쟁을 할 필요는 없다는 것이며 오히려 불이익을 당할 수도 있다. 정답이 정해져 있지 않은 경우에는 가치관이나 성장 배경에 따라 문제를 받아들이는 태도에서 답변까지 충분히 차이가 있을 수 있으므로 굳이 면접관이나 다른 지원자의 가치관을 지적하고 고치려 드는 것은 좋지 않다.

ⓑ **답변은 항상 정직해야 한다.** : 면접이라는 것이 아무리 지원자의 장점을 부각시키고 단점을 축소시키는 것이라고 해도 절대로 거짓말을 해서는 안 된다. 거짓말을 하게 되면 지원자는 불안하거나 꺼림칙한 마음이 들게 되어 면접에 집중을 하지 못하게 되고 수많은 지원자를 상대하는 면접관은 그것을 놓치지 않는다. 거짓말은 그 지원자에 대한 신뢰성을 떨어뜨리며 이로 인해 다른 스펙이 아무리 훌륭하다고 해도 채용에서 탈락하게 될 수 있음을 명심하도록 한다.

ⓒ 경력직을 경우 전 직장에 대해 험담하지 않는다. : 지원자가 전 직장에서 무슨 업무를 담당했고 어떤 성과를 올렸는지는 면접관이 관심을 둘 사항일 수 있지만, 이전 직장의 기업문화나 상사들이 어땠는지는 그다지 궁금해 하는 사항이 아니다. 전 직장에 대해 험담을 늘어놓는다든가, 동료와 상사에 대한 악담을 하게 된다면 오히려 지원자에 대한 부정적인 이미지만 심어줄 수 있다. 만약 전 직장에 대한 말을 해야 할 경우가 생긴다면 가능한 한 객관적으로 이야기하는 것이 좋다.

ⓔ 자기 자신이나 배경에 대해 자랑하지 않는다. : 자신의 성취나 부모 형제 등 집안사람들이 사회·경제적으로 어떠한 위치에 있는지에 대한 자랑은 면접관으로 하여금 지원자에 대해 오만한 사람이거나 배경에 의존하려는 나약한 사람이라는 이미지를 갖게 할 수 있다. 따라서 자기 자신이나 배경에 대해 자랑하지 않도록 하고, 자신이 한 일에 대해서 너무 자세하게 얘기하지 않도록 주의해야 한다.

3 면접 질문 및 답변 포인트

(1) 가족 및 대인관계에 관한 질문

① 당신의 가정은 어떤 가정입니까?

면접관들은 지원자의 가정환경과 성장과정을 통해 지원자의 성향을 알고 싶어 이와 같은 질문을 한다. 비록 가정 일과 사회의 일이 완전히 일치하는 것은 아니지만 '가화만사성'이라는 말이 있듯이 가정이 화목해야 사회에서도 화목하게 지낼 수 있기 때문이다. 그러므로 답변 시에는 가족사항을 정확하게 설명하고 집안의 분위기와 특징에 대해 이야기하는 것이 좋다.

② 아버지의 직업은 무엇입니까?

아주 기본적인 질문이지만 지원자는 아버지의 직업과 내가 무슨 관련성이 있을까 생각하기 쉬워 포괄적인 답변을 하는 경우가 많다. 그러나 이는 바람직하지 않은 것으로 단답형으로 답변하면 세부적인 직종 및 근무연한 등을 물을 수 있으므로 모든 걸 한 번에 대답하는 것이 좋다.

③ 친구 관계에 대해 말해 보십시오.

지원자의 인간성을 판단하는 질문으로 교우관계를 통해 답변자의 성격과 대인관계능력을 파악할 수 있다. 새로운 환경에 적응을 잘하여 새로운 친구들이 많은 것도 좋지만, 깊고 오래 지속되어온 인간관계를 말하는 것이 더욱 바람직하다.

(2) 성격 및 가치관에 관한 질문

① 당신의 PR포인트를 말해 주십시오.

PR포인트를 말할 때에는 지나치게 겸손한 태도는 좋지 않으며 적극적으로 자기를 주장하는 것이 좋다. 앞으로 입사 후 하게 될 업무와 관련된 자기의 특성을 구체적인 일화를 더하여 이야기하도록 한다.

② 당신의 장·단점을 말해 보십시오.

지원자의 구체적인 장·단점을 알고자 하기 보다는 지원자가 자기 자신에 대해 얼마나 알고 있으며 어느 정도의 객관적인 분석을 하고 있나, 그리고 개선의 노력 등을 시도하는지를 파악하고자 하는 것이다. 따라서 장점을 말할 때는 업무와 관련된 장점을 뒷받침할 수 있는 근거와 함께 제시하며, 단점을 이야기할 때에는 극복을 위한 노력을 반드시 포함해야 한다.

③ 가장 존경하는 사람은 누구입니까?

존경하는 사람을 말하기 위해서는 우선 그 인물에 대해 알아야 한다. 잘 모르는 인물에 대해 존경한다고 말하는 것은 면접관에게 바로 지적당할 수 있으므로, 추상적이라도 좋으니 평소에 존경스럽다고 생각했던 사람에 대해 그 사람의 어떤 점이 좋고 존경스러운지 대답하도록 한다. 또한 자신에게 어떤 영향을 미쳤는지도 언급하면 좋다.

(3) 학교생활에 관한 질문

① 지금까지의 학교생활 중 가장 기억에 남는 일은 무엇입니까?

가급적 직장생활에 도움이 되는 경험을 이야기하는 것이 좋다. 또한 경험만을 간단하게 말하지 말고 그 경험을 통해서 얻을 수 있었던 교훈 등을 예시와 함께 이야기하는 것이 좋으나 너무 상투적인 답변이 되지 않도록 주의해야 한다.

② 성적은 좋은 편이었습니까?

면접관은 이미 서류심사를 통해 지원자의 성적을 알고 있다. 그럼에도 불구하고 이 질문을 하는 것은 지원자가 성적에 대해서 어떻게 인식하느냐를 알고자 하는 것이다. 성적이 나빴던 이유에 대해서 변명하려 하지 말고 담백하게 받아드리고 그것에 대한 개선노력을 했음을 밝히는 것이 적절하다.

③ 학창시절에 시위나 집회 등에 참여한 경험이 있습니까?

기업에서는 노사분규를 기업의 사활이 걸린 중대한 문제로 인식하고 거시적인 차원에서 접근한다. 이러한 기업문화를 제대로 인식하지 못하여 학창시절의 시위나 집회 참여 경험을 자랑스럽게 답변할 경우 감점요인이 되거나 심지어는 탈락할 수 있다는 사실에 주의한다. 시위나 집회에 참가한 경험을 말할 때에는 타당성과 정도에 유의하여 답변해야 한다.

(4) 지원동기 및 직업의식에 관한 질문

① 왜 우리 회사를 지원했습니까?

이 질문은 어느 회사나 가장 먼저 물어보고 싶은 것으로 지원자들은 기업의 이념, 대표의 경영 능력, 재무구조, 복리후생 등 외적인 부분을 설명하는 경우가 많다. 이러한 답변도 적절하지만 지원 회사의 주력 상품에 관한 소비자의 인지도, 경쟁사 제품과의 시장점유율을 비교하면서 입 사동기를 설명한다면 상당히 주목 받을 수 있을 것이다.

② 만약 이번 채용에 불합격하면 어떻게 하겠습니까?

불합격할 것을 가정하고 회사에 응시하는 지원자는 거의 없을 것이다. 이는 지원자를 궁지로 몰아넣고 어떻게 대응하는지를 살펴보며 입사 의지를 알아보려고 하는 것이다. 이 질문은 너무 깊이 들어가지 말고 침착하게 답변하는 것이 좋다.

③ 당신이 생각하는 바람직한 사원상은 무엇입니까?

직장인으로서 또는 조직의 일원으로서의 자세를 묻는 질문으로 지원하는 회사에서 어떤 인재 상을 요구하는 가를 알아두는 것이 좋으며, 평소에 자신의 생각을 미리 정리해 두어 당황하지 않도록 한다.

④ 직무상의 적성과 보수의 많음 중 어느 것을 택하겠습니까?

이런 질문에서 회사 측에서 원하는 답변은 당연히 직무상의 적성에 비중을 둔다는 것이다. 그 러나 적성만을 너무 강조하다 보면 오히려 솔직하지 못하다는 인상을 줄 수 있으므로 어느 한 쪽을 너무 강조하거나 경시하는 태도는 바람직하지 못하다.

⑤ 상사와 의견이 다를 때 어떻게 하겠습니까?

과거와 다르게 최근에는 상사의 명령에 무조건 따르겠다는 수동적인 자세는 바람직하지 않다. 회사에서는 때에 따라 자신이 판단하고 행동할 수 있는 직원을 원하기 때문이다. 그러나 지나 치게 자신의 의견만을 고집한다면 이는 팀원 간의 불화를 야기할 수 있으며 팀 체제에 악영향 을 미칠 수 있으므로 선호하지 않는다는 것에 유념하여 답해야 한다.

⑥ 근무지가 지방인데 근무가 가능합니까?

근무지가 지방 중에서도 특정 지역은 되고 다른 지역은 안 된다는 답변은 바람직하지 않다. 직 장에서는 순환 근무라는 것이 있으므로 처음에 지방에서 근무를 시작했다고 해서 계속 지방에 만 있는 것은 아님을 유의하고 답변하도록 한다.

(5) 여가 활용에 관한 질문

① 취미가 무엇입니까?

기초적인 질문이지만 특별한 취미가 없는 지원자의 경우 대답이 애매할 수밖에 없다. 그래서 가장 많이 대답하게 되는 것이 독서, 영화감상, 혹은 음악감상 등과 같은 흔한 취미를 말하게 되는데 이런 취미는 면접관의 주의를 끌기 어려우며 설사 정말 위와 같은 취미를 가지고 있다하더라도 제대로 답변하기는 힘든 것이 사실이다. 가능하면 독특한 취미를 말하는 것이 좋으며 이제 막 시작한 것이라도 열의를 가지고 있음을 설명할 수 있으면 그것을 취미로 답변하는 것도 좋다.

② 술자리를 좋아합니까?

이 질문은 정말로 술자리를 좋아하는 정도를 묻는 것이 아니다. 우리나라에서는 대부분 술자리가 친교의 자리로 인식되기 때문에 그것에 얼마나 적극적으로 참여할 수 있는 가를 우회적으로 묻는 것이다. 술자리를 싫어한다고 대답하게 되면 원만한 대인관계에 문제가 있을 수 있다고 평가될 수 있으므로 술을 잘 마시지 못하더라도 술자리의 분위기는 즐긴다고 답변하는 것이 좋으며 주량에 대해서는 정확하게 말하는 것이 좋다.

(6) 여성 지원자들을 겨냥한 질문

① 결혼은 언제 할 생각입니까?

지원자가 결혼예정일 경우 기업은 채용을 꺼리게 되는 경향이 있다. 업무를 어느 정도 인식하고 수행할 정도가 되면 퇴사하는 일이 흔하기 때문이다. 가능하면 향후 몇 년간은 결혼 계획이 없다고 답변하는 것이 현실적인 대처 요령이며, 덧붙여 결혼 후에도 일하고자 하는 의지를 강하게 내보인다면 더욱 도움이 된다.

② 만약 결혼 후 남편이나 시댁에서 직장생활을 그만두라고 강요한다면 어떻게 하겠습니까?

결혼적령기의 여성 지원자들에게 빈번하게 묻는 질문으로 의견 대립이 생겼을 때 상대방을 설득하고 타협하는 능력을 알아보고자 하는 것이다. 따라서 남편이나 시댁과 충분한 대화를 통해 설득하고 계속 근무하겠다는 의지를 밝히는 것이 좋다.

③ 여성의 취업을 어떻게 생각합니까?

여성 지원자들의 일에 대한 열의와 포부를 알고자 하는 질문이다. 많은 기업들이 여성들의 섬세하고 꼼꼼한 업무능력과 감각을 높이 평가하고 있으며, 사회 전반적인 분위기 역시 맞벌이를 이해하고 있으므로 자신의 의지를 당당하고 자신감 있게 밝히는 것이 좋다.

④ 커피나 복사 같은 잔심부름이 주어진다면 어떻게 하겠습니까?

여성 지원자들에게 가장 난감하고 자존심상하는 질문일 수 있다. 이 질문은 여성 지원자에게 잔심부름을 시키겠다는 요구가 아니라 직장생활 중에서의 협동심이나 봉사정신, 직업관을 알아보고자 하는 것이다. 또한 이 과정에서 압박기법을 사용해 비꼬는 투로 말하는 수 있는데 이는 자존심이 상하거나 불쾌해질 때의 행동을 알아보려는 것이다. 이럴 경우 흥분하여 과격하게 답변하면 탈락하게 되며, 무조건 열심히 하겠다는 대답도 신뢰성이 없는 답변이다. 직장생활을 위해 필요한 일이면 할 수 있다는 정도의 긍정적인 답변을 하되, 한 사람의 사원으로서 당당함을 유지하는 것이 좋다.

(7) 지원자를 당황하게 하는 질문

① 성적이 좋지 않은데 이 정도의 성적으로 우리 회사에 입사할 수 있다고 생각합니까?

비록 자신의 성적이 좋지 않더라도 이미 서류심사에 통과하여 면접에 참여하였다면 기업에서는 지원자의 성적보다 성적 이외의 요소, 즉 성격·열정 등을 높이 평가했다는 것이라고 할 수 있다. 그러나 이런 질문을 받게 되면 지원자는 당황할 수 있으나 주눅 들지 말고 침착하게 대처하는 면모를 보인다면 더 좋은 인상을 남길 수 있다.

② 우리 회사 회장님 함자를 알고 있습니까?

회장이나 사장의 이름을 조사하는 것은 면접일을 통고받았을 때 이미 사전 조사되었어야 하는 사항이다. 단답형으로 이름만 말하기보다는 그 기업에 입사를 희망하는 지원자의 입장에서 답변하는 것이 좋다.

③ 당신은 이 회사에 적합하지 않은 것 같군요.

이 질문은 지원자의 입장에서 상당히 곤혹스러울 수밖에 없다. 질문을 듣는 순간 그렇다면 면접은 왜 참가시킨 것인가 하는 생각이 들 수도 있다. 하지만 당황하거나 흥분하지 말고 침착하게 자신의 어떤 면이 회사에 적당하지 않은지 겸손하게 물어보고 지적당한 부분에 대해서 고치겠다는 의지를 보인다면 오히려 자신의 능력을 어필할 수 있는 기회로 사용할 수도 있다.

④ 다시 공부할 계획이 있습니까?

이 질문은 지원자가 합격하여 직장을 다니다가 공부를 더 하기 위해 회사를 그만 두거나 학습에 더 관심을 두어 일에 대한 능률이 저하될 것을 우려하여 묻는 것이다. 이때에는 당연히 학습보다는 일을 강조해야 하며, 업무 수행에 필요한 학습이라면 업무에 지장이 없는 범위에서 야간학교를 다니거나 회사에서 제공하는 연수 프로그램 등을 활용하겠다고 답변하는 것이 적당하다.

⑤ 지원한 분야가 전공한 분야와 다른데 여기 일을 할 수 있겠습니까?

수험생의 입장에서 본다면 지원한 분야와 전공이 다르지만 서류전형과 필기전형에 합격하여 면접을 보게 된 경우라고 할 수 있다. 이는 결국 해당 회사의 채용 방침상 전공에 크게 영향을 받지 않는다는 것이므로 무엇보다 자신이 전공하지는 않았지만 어떤 업무도 적극적으로 임할 수 있다는 자신감과 능동적인 자세를 보여주도록 노력하는 것이 좋다.

02 주요 공사·공단 면접기출

(1) 한국전력공사

- 자신만이 가지고 있는 자랑거리를 이야기해보시오.

- 한전 본사에 대해 알고 있는 대로 설명하시오.

- 직장 선택 시 가장 중요하게 생각하는 것은 무엇인가?

- 10년 후 오늘 어디서 무엇을 하고 있을 것이라고 생각하는가?

- 입사 후 비연고지인 벽지 사무소로 배치된다면 어떻게 할 것인가?

- 고주파가 기계에 미치는 영향은 무엇인가?

- 발전파업에 대해 어떻게 생각하는가?

- 봉사활동 한 경험과 느낀 점을 간략하게 말해보시오.

- 주변에서 도움을 청할 때 도와준 경험에 대해 말해보시오.

- 베르누이 방정식에 대해 설명하시오.

- 캐비테이션에 대해 간략히 설명하시오.

- 공조냉동기술에 대해 설명하시오.

- 송전탑에 대해 아는 대로 말해보시오.

- 전기가 가정까지 어떻게 들어가는지에 대해 설명해보시오.

- 리더로서의 경험이 있는가?

- 근무 중 다른 회사에서 스카우트 제의가 들어온다면 어떻게 하겠는가?

- 어학연수를 다녀온 적이 있는가?

- 상사나 동료와 의견이 부딪히는 경우 어떻게 할 것인가?

(2) 한국수자원공사

- 가난한 사람들을 위해 전기요금을 줄이고 싶다고 말했는데 그 의견이 왜 타당한지 면접관을 설득해보시오.

- 지원자는 한국전력공사에 대해서 얼마나 아는가?

- 한국전력공사가 하는 봉사활동과 공사의 캐치프레이즈에 대해 아는 대로 이야기해보시오.

- 독실한 기독교 신자라고 했는데 교회 행사를 진행해야 하는데 회사에서 급하게 나오라고 한다면 어떻게 하겠는가?

- K-water에 대해 아는 점을 말해보고 친구들에게 K-water에 대해 소개한다면 뭐라고 말할 것인가?

- 바쁘게 산 것 같은데 휴대폰에 친구, 선배, 후배들의 연락처는 몇 명이나 저장 돼 있는가?

- 지금까지 살아오면서 자신이 기획한 일의 성공담에 대해 말해보시오.

- 물 분쟁의 국제사례 및 국내 사례에 대해 말해보시오.

- 수자원공사에 아는 사람이 있었나? 정보를 들었나?

- 입사하면 뭐가 제일 힘들 것이라고 생각하는가?

- 동아리 활동에 대한 경험을 말해보시오.

- 아버지 자랑을 해보시오.

- 다른 곳에 지원한 적 있는가?

- 한국토지주택공사와 한국수자원공사의 이미지에 있어서 차이점을 설명해보시오.

- 회사생활 할 때 겪을 수 있는 문제점과 그 문제점을 해결하는 방법과 예를 말해 보시오.

- 자신으로 인해 어떤 일이 추진되지 못하거나 성과를 달성하지 못한 일이 있는가?

- 입사하면 어떤 것을 하고 싶은가?

- 요즘 청년들의 어깨가 처져 있는데 어떻게 하면 활기가 넘치게 할 수 있겠는가?

- 신입직원의 연봉을 줄여서 채용규모를 늘리는 것에 찬성하는가?

(3) 한국공항공사

- 한국공항공사에 대해 아는 것과 회사 동향 중 주요사항을 말해보시오.

- 자신의 역량을 크게 발휘한 경험이 있다면 말해보시오.

- 업무 외적으로 본인이 정말 잘 할 수 있는 것이 있다면 말해보시오.

- 본인의 전공을 왜 택했는가?

- 상사의 부당한 명령에 따르겠는가?

- 생활신조는 무엇이며 좌우명이 있는가?

- 가족 간에 갈등을 어떻게 해결하는가? 가족에 있어 가장 중요한 가치는 무엇이라고 생각하는가?

- 본인만의 스트레스 해소방법에 대해 말해보시오.

- 한국공항공사에 내가 합격해야 하는, 또는 나를 합격 시켜야 하는 이유와 근거를 말해보시오.

- 고객이란 누구라고 생각하는가?

- 일을 잘하는 직원이 되기 위해서는 무엇이 가장 중요하다고 보는가?

(4) 한국도로공사

- 하이패스와 같은 도로공사와 관련된 IT기술을 발전시킬 수 있는 아이디어를 말해보시오.

- 어렸을 때 수술한 경험이 있다고 하는데 지금도 몸 상태가 좋지 않은가?

- 대입시험에 대한 문제점과 해결방안은?

- 리더십 경험에 대해서 말해보시오.

- 결혼 후 순환근무로 비연고지 갈 경우엔 어떻게 하겠는가?

- 성희롱의 범위에 대해 정해보시오. 직장 내 성희롱의 기준은 무엇인가?

- 공기업의 역할은?

- 링컨이 자신의 얼굴에 책임져야 하는 나이가 언제라고 했는지 아는가? 그리고 본인이 그 나이에 무엇을 하고 있을지 그려보고, 그 모습을 갖추기 위해 어떠한 노력을 할 것인지 말해보시오.

- 업무상 술자리에 늦게까지 남아 있어야 할 일이 있을 때 본인이 술에 약하다면 어떻게 그 상황을 대처하겠는가?

- 대학시절 용돈은 어느 정도였는가? 대학시절 아르바이트를 한 경험이 있는가?

- 도로공사가 어떤 일을 수행하고 있는지 아는가? 한국도로공사가 관리하는 도로는 무엇인가?

- 명절시 고속도로 대란에 대해 어떻게 극복해야 되는지 본인의 생각을 말해보시오.

- 원만한 대인관계를 유지하기 위해 어떤 노력을 하겠는가?

(5) 국민연금공단

- 공기업의 적자운영을 벗어날 수 있는 혁신 방안면접자들 대부분이 검은색 정장을 입고 오는데 검은 옷을 입은 특별한 이유가 있는가?

- 국민연금이 국민의 신뢰를 받지 못하는 이유는?

- 국민연금과 개인연금을 비교하여 설명하시오.

- 한국의 저출산에 대한 본인의 견해는?

- 주위에서 자신을 어떻게 평가하나?

- 고객이 납득할 수 없을 만한 이유로 화를 낸다면?

- 청년실업 문제에 대한 견해는?

- 국민연금의 문제점 및 해결방안은 무엇인가?

- 국민연금 기금운용위원회 위원의 이름을 말해보시오.

- 국민연금의 소득재분배 역할은 무엇인가?

- 국민연금의 이름을 바꾼다면 어떤 것이 좋겠는가?

- 고시시험에 지원하는 사람을 어떻게 생각하는가?

- 가장 행복한 사람과 가장 불행한 사람은 누구하고 생각하는가?

- 인간의 수명이 200년이라도 국민연금공단을 첫 직장으로 하겠는가?

- 만약 어떤 만취한 남자가 웃통을 벗고 독약을 들고 찾아와서 자신과 독약을 먹고 함께 죽자고 한다면 대처방안은 무엇인가?

- 입사하고 싶은 이유 3가지만 말해보시오.

- 국민연금을 계절에 비유한다면?

- 최근 공무원 열풍으로 인해 사회적 낭비가 심각한데, 어떻게 생각하나?

(6) 한국가스공사

- 최근 청년실업 문제가 대두되고 있는데 실업이 청년의 문제인가 국가의 문제인가?

- 개인의 이익과 집단의 이익 중 더 중요한 것은 무엇이라 생각하는가?

- 에너지 관련해서 자신의 에피소드가 있다면 말해보시오.

- 상사가 사적인 일을 계속 시킨다면?

- 회사와 자신의 가치관이 계속 맞지 않는다면 어떻게 하겠는가?

- 공기업에 대한 본인의 생각을 말해보시오.

- LNG와 LPG의 차이점을 말해보시오.

- 최근에 읽은 책의 제목과 느낀 점을 말해보시오.

- 공기업의 민영화에 대한 본인의 생각은?

(7) 인천국제공항공사

- 지금까지 살아오며 인간관계에서 실패했던 혹은 성공했던 경험을 말해보시오.

- 업무 중에 본인이 생각하지 못했던 전공과 무관한 일을 맡게 되면 어떻게 하겠는가?

- 인천국제공항의 허브화 전략을 제시하시오.

- 인천공항과 타공항과의 차이점을 말해보시오.

- 자기에게 가장 소중한 자산은 무엇인가?

- 청년실업에 대한 대책을 말해보시오.

- 서비스에 대한 정의를 말해보시오.

- 본인이 만약에 떨어지게 된다면 원인이 뭐라고 생각하는가?

- 20세기 인류에 지대한 영향을 미친 인물 3명을 말해보시오.

(8) 전기안전공사

- 화가 난 고객을 상대로 어떻게 대처 하겠는가?

- 스트레스를 어떻게 풀 것인가?

- 구제역으로 인해 전기안전공사에서 염두 해야 할 것이 있다면?

- 10년 후에 안전공사의 업무가 어떻게 변화할 것 같은가?

- 요즘 스마트폰이 보편화 되고 있는데, 본인은 어떻게 활용 하고 있는가?

- 처음 사람을 대할 때 어떻게 하는가? 그리고 사람들과 친해질 수 있는 자신만의 특유의 필살기는?

- 유대인이 노벨상을 많이 타는 이유는?

- 성공한 사람 2%가 가지고 있는 점을 4가지 정도 말하시오.

- 예절이란 무엇인가?

- 카라의 해체 사태에 대해 어떻게 생각 하는가?

- 서희정승이 거란족과의 외교를 어떻게 했는가? 현재 상황에 비추어서 설명해라.

- 지원 분야에서 하는 일이 무엇인지 아는가?

- 전기안전공사가 하는 일이 무엇인가?

- 엔젤산업에 대하여 설명하시오.

- 이황의 이기이원론에 대하여 말해보시오.

- 입사를 위해 어떠한 준비를 했는가?

(9) SH공사

- 공기업은 철밥통이라는 인식이 있는데, 그것을 우리 회사에 지원한 이유와 연계해 말해보시오.

- 봉사활동 해본 적 있는가?

- 노인이나 사회적 약자를 정부에서 모두 부담하는 것은 현실적으로 불가능한데, 그럼 개인은 어떤 방법으로 이를 보완해야 하는가?

- 다른 사람이 본인을 어떤 사람이라 생각하는가?

- 이순신과 세종대왕 중 누가 더 훌륭한 사람이라고 생각하는가?

- 가든파이브를 어떤 식으로 운영하는 것이 좋을지 말해보시오.

- 본인의 이름으로 삼행시를 지어보시오.

- 창의적 아이디어로 무언가를 개선했던 경험이 있는가?

- 상사가 나이가 어릴 경우 어떻게 대처할 것인가?

(10) 한국중부발전

- 존경하는 사람은 누구인가? 이유는?

- 법치주의를 무시하고 행동하는 사람들을 보면 어떤가?

- 최근 가장 이슈 되는 것은 무엇인가?

상식
용어사전
시리즈

합격GO!

1 **금융상식 2주 만에 완성하기**

금융은행권, 단기간 공략으로 끝장낸다! 필기 걱정은 이제 NO! <금융상식 2주 만에 완성하기> 한 권으로 시간은 아끼고 학습효율은 높이자!

2 **중요한 용어만 한눈에 보는 시사용어사전 1130**

매일 접하는 각종 기사와 정보 속에서 현대인이 놓치기 쉬운, 그러나 꼭 알아야 할 최신 시사상식을 쏙쏙 뽑아 이해하기 쉽도록 정리했다!

3 **중요한 용어만 한눈에 보는 경제용어사전 961**

주요 경제용어는 거의 다 실었다! 경제가 쉬워지는 책, 경제용어사전!

4 **중요한 용어만 한눈에 보는 부동산용어사전 1273**

부동산에 대한 이해를 높이고 부동산의 개발과 활용, 투자 및 부동산 용어 학습에도 적극적으로 이용할 수 있는 부동산용어사전!

자격증
기출문제
총집합!

자격증 별로 정리된
기출문제로 깔끔하게 합격하자!

기출문제로 자격증 시험 준비하자!

건강운동관리사, 스포츠지도사, 손해사정사, 손해평가사,
농산물품질관리사, 수산물품질관리사, 관광통역안내사, 국내여행안내사, 보세사, 사회조사분석사